Witold Koszela

I0895985

The Aircraft Carrier
HMS Invincible

HMS *Invincible* was the lead ship of a class of British light aircraft carriers built between 1973 and 1985, originally designed as "through-deck cruisers" (TDC). This set them apart from conventional helicopter-carrying ships of the time, which typically featured a flight deck in the aft section of the vessel.

Invincible-class carriers were the world's largest warships powered by gas turbines and featured a modular design which allowed replacement and upgrades of various elements of propulsion system and equipment without the need for any structural modifications of the hull.

A characteristic feature of the *Invincible* class was a "ski-jump" ramp at the end of the flight deck designed for VSTOL Sea Harriers, which at that time were state-of-the-art combat platforms.

As designed, the ship was to carry five Sea Harriers and nine Sea King helicopters (six ASW variants and three transports).

HMS *Invincible* was ordered on April 17, 1973 and laid down three months later – on July 20, 1973 at Vickers Shipbuilding and Engineering, Barrow-in-Furness.

The carrier was launched on May 3, 1977 and commissioned on July 11, 1980.

The ship didn't have to wait long to see combat as in the spring of 1982 she was ordered to the Falklands as the lead ship of a naval strike force that also included aircraft carrier *Hermes* and two aviation support vessels converted from container ships.

By that time the carrier's air wing had grown to include as many as nine Sea Harriers and nine Sea King helicopters of various versions.

Aircraft launching from the deck of HMS *Invincible* flew dozens of combat sorties providing air and anti-submarine defense to the British task force, gathering intelligence data and launching strikes on enemy ground installation and surface vessels.

During the conflict Argentinian press ran a propaganda piece claiming that HMS *Invincible* had been seriously damaged, or even sunk. Proving the claim were doctored photographs showing a burning aircraft carrier, which to this day make rounds on the Internet.

After the Falklands War and following lengthy negotiations, the carrier was supposed to be sold to Australia to continue service under the flag of the Royal Australian Navy. In the end, the sale didn't go through and the HMS *Invincible* remained in service with the Royal Navy until 2005.

Before her withdrawal from service, the carrier took part in the Gulf War of 1991 and in 1993 provided support to UN peacekeeping forces in Bosnia.

During her many years of service the carrier saw a number of refits and modifications. A good example is the ski jump: originally angled at 7 degrees, it was later extended by 12 meters and angled at 12 degrees, which significantly altered the ship's silhouette. The hangar deck was also enlarged to accommodate additional Sea Harriers and helicopters. At the same time the ship's aviation ordnance magazines were expanded, followed by upgrades to radar suite. Equally important were changes introduced to the armament of HMS *Invincible*. After the Falklands War she received the Phalanx CIWS, later replaced by a Dutch Goalkeeper system. Later the Sea Dart launchers were removed to make room for a larger flight deck.

HMS *Invincible* was decommissioned in August 2005 and remained in reserve until 2010. In 2011 the carrier was sold for scrap.

HMS *Invicible* to przedstawiciel serii zbudowanych w latach 1973-1985 brytyjskich lotniskowców klasyfikowanych, jako lekkie, dość wyjątkowych, bo oficjalnie zaprojektowanych, jako „through deck cruiser" w skrócie TDC, co wyróżniało je od większości klasycznych śmigłowcowców tamtego okresu dysponujących lądowiskiem tylko w części rufowej kadłuba.

Okręty tego typu były największymi na świecie jednostkami napędzanymi turbinami gazowymi, a ich konstrukcja uwzględniała możliwość wymiany różnych modułów wyposażenia i elementów siłowni bez naruszania konstrukcji kadłuba.

Cechą charakterystyczną tych okrętów była rampa startowa typu „Ski Jump" znajdująca się na zakończeniu pokładu startowego, a przewidziana do współpracy z nowatorskimi jak na tamte czasy samolotami pionowego startu/lądowania Sea Harrier.

Pierwotnie etatowy skład lotniczej grupy okrętowej przewidywał pięć takich maszyn oraz dziewięć śmigłowców typu Sea King (6 w wersji zwalczającej okręty podwodne i 3 w wersji transportowej).

Prototypowy HMS *Invicible* zamówiony został 17 kwietnia 1973 roku, a położenie stępki miało miejsce trzy miesiące później 20 lipca 1973 roku w stoczni Vickers Shipbuilding and Engineering, Barrow-in-Furness.

Jednostkę zwodowano 3 maja 1977 roku, a do służby weszła 11 lipca 1980 roku.

Swój swoistego rodzaju „chrzest bojowy" okręt przeszedł szybko, bo wiosną 1982 roku został skierowany do działań w brytyjsko-argentyńskim konflikcie o Falklandy.

Okręt znalazł się w składzie pierwszego zespołu sił ekspedycyjnych i wraz z lotniskowcem HMS *Hermes* oraz dwoma przebudowanymi z kontenerowców pomocniczymi okrętami lotniczymi, stanowił podstawę grupy uderzeniowej.

W tym czasie jego skrzydło stanowiło aż dziesięć samolotów Sea Harrier oraz dziewięć śmigłowców Sea King w różnych wersjach.

Bazujące na okręcie samoloty i śmigłowce przy współpracy z innymi jednostkami wykonały dziesiątki zadań w zakresie przeciwlotniczej i przeciw podwodnej obrony brytyjskich zespołów, rozpoznania i ataków zarówno na obiekty brzegowe jak i okręty i samoloty wroga.

Jako ciekawostkę można traktować „propagandowe" informacji argentyńskiej prasy, które podawały, że podczas wykonywania ataków lotniczych HMS *Invicible* został poważnie uszkodzony, a nawet zatopiony, czego dowodem mogły być spreparowane fotografie płonącego lotniskowca, które nawet i dzisiaj można znaleźć m.in. w Internecie.

Inną ciekawostką może być też fakt, że już po zakończeniu działań wojennych HMS *Invicible* po miesiącach negocjacji miał zostać sprzedany rządowi Australii i pełnić dalszą służbę w Royal Australia Navy.

Ostatecznie do transakcji nie doszło i HMS *Invicible* kontynuował służbę w Royal Navy aż do 2005 roku.

Z ważniejszych wydarzeń dalszej służby wymienić można m.in. udział w antyirackiej koalicji podczas wojny w Zatoce Perskiej w 1991 roku.

W 1993 roku okręt działał na Adriatyku, gdzie brał udział w zabezpieczaniu operacji międzynarodowych sił pokojowych w Bośni.

Długoletnia służba to także szereg modernizacji, jakie przeprowadzono na okręcie.

Warto zauważyć, ze pierwotnie rampa startowa Ski Jump była stosunkowo niewielka z odchyleniem 7º.

Przedłużono ją później o 12 metrów i zwiększono kat, do 12º, co mocno wpłynęło na sylwetkę okrętu.

The Aircraft Carrier HMS Invincible • Witold Koszela
First edition / Wydanie pierwsze • LUBLIN 2021 • ISBN 978-83-66673-26-7

Translation / Tłumaczenie: **Piotr Kolasa** • Color profiles / Plansze barwne: **Witold Koszela** • Scale drawings / Rysunki techniczne: **Witold Koszela** • Design: **KAGERO STUDIO**

Distribution / Dystrybucja: Kagero Publishing • www.kagero.pl • e-mail: kagero@kagero.pl, marketing@kagero.pl
Editorial Office, Marketing / Redakcja, Marketing: Kagero Publishing, ul. Akacjowa 100, os. Borek, Turka, 20-258 Lublin 62, Poland, phone/fax +48 81 501 21 05

General characteristics
Tactical number – R 05
Class – *Invincible*
Sister ships – HMS *Illustrious*, HMS *Ark Royal*
Shipyard – Vickers Shipbuilding and Engineering, Barrow-in-Furness
Laid down – July 20, 1973
Launched – May 3, 1977
Commissioned – July 11, 1980
Decommissioned – August 3, 2005
Displacement (standard) – 16,860 tons
Displacement (full) – 20,600 tons
Length oa – 210.0 m
Beam – 36.0 m
Draught – 8.8 m
Propulsion – 4 x Rolls-Royce Olympus TM3B gas turbines providing 112,000 shp
Speed – 28 kt
Range – 7,000 nm at 18 kt
Armament:
1 x Sea Dart double missile launcher
2 x 20 mm Oerlikon close-range cannons
3 x Phalanx CIWS
3 x Goalkeeper CIWS
Complement – 1,050 (including ship's company and air wing personnel)
Air wing:
Sea Harrier GR.3. FRS Mk.1 and FRS Mk.2
Sea King HAR.3, HAS Mk.6 and AEW Mk.2

Przebudowano także hangar tak, aby liczbę przenoszonych samolotów można było zwiększyć do dziewięciu a śmigłowców do dwunastu.

Zwiększono powierzchnie magazynów dla uzbrojenia lotniczego oraz wprowadzono zmienny w wyposażeniu radarowym.

Bardzo istotne były też zmiany w uzbrojeniu.

Po wojnie falklandzkiej na okręcie zainstalowano przeciwlotnicze zestawy Vulkan-Phalanx, które później zastąpiono holenderskimi zestawami Goalkeeper.

Później zdemontowano także wyrzutnie rakiet Sea Dart, która ustąpiła miejsca rozbudowanemu pokładowi lotniczemu.

W sierpniu 2005 HMS *Invicible* został wycofany ze służby i odstawiony do rezerwy, w której pozostawał do 2010 roku.

W 2011 roku zdecydowano o sprzedaży okrętu na złom.

Dane taktyczno-techniczne
Numer taktyczny – R 05
Typ – *Invicible*
Okręty bliźniacze – HMS *Illustrious*, HMS *Ark Royal*
Stocznia - Vickers Shipbuilding and Engineering, Barrow-in-Furness
Data położenia stępki – 20 lipca 1973 r.
Data wodowania – 3 maja 1977 r.
Data wejścia do służby – 11 lipca 1980 r.
Data wycofania ze służby – 3 sierpnia 2005 r.
Wyporność standardowa – 16 860 t
Wyporność pełna – 20 600 t
Długość całkowita 210 m
Szerokość – 36 m
Zanurzenie maksymalne – 8.8 m
Napęd – 4 turbiny gazowe Rolls-Royce Olympus TM3B o mocy 112 000 KM
Prędkość maksymalna – 28 w
Zasięg – 7 000 Mm przy 18 w
Uzbrojenie:
1 podwójna wyrzutnia rakiet Sea Dart
2 działka Oerlikon kal. 20 mm
3 zestawy artyleryjskie Vulcan-Phalanx
3 zestawy artyleryjskie Goalkeeper
Załoga 1050 ludzi (załogi okrętu i grupy lotniczej
Grupa lotnicza:
Samoloty Sea Harrier w wersjach GR.3, FRS. Mk.1, FRS Mk.2
Śmigłowce Sea King w wersjach HAR.3, HAS Mk.6, AEW Mk.2

Her Majesty's Ship Invincible (R05) arrives in Jacksonville, Fla., for a five-day port visit before continuing on to Norfolk, Va., and New York city. Invincible, is the sixth ship of the Royal Navy to bear the name and the first of the Invincible-class of Anti-Submarine Warfare Carriers. [Public domain]
HMS *Invincible* (R05) przybywa z pięciodniową wizytą do portu Jacksonville na Florydzie, skąd uda się do Norfolk w stanie Virginia, a następnie do Nowego Jorku. Lotniskowiec był szóstym okrętem Royal Navy noszącym imię Invincible i pierwszym z trzech lekkich lotniskowców tego typu. [Domena publiczna]

Sheet/Arkusz 1

TOPDRAWINGS
Drawings/rysował: © Witold Koszela

HMS Invincible

Simplified longitudinal cross-section view of HMS *Invincible*
1. Funnel shafts
2. Steering gear compartment
3. Engine rooms
4. Auxiliary machinery compartment
5. Gearbox compartment
6. Powerplant compartment
7. Sonar
8. Hangars

Uproszczony przekrój wzdłużny HMS *Invicible*
1. szyby kominowe
2. pomieszczenie maszyny sterowej
3. siłownie
4. pomieszczenia agregatów
5. pomieszczenia przekładni
6. pomieszczenie zespołów napędowych
7. sonar
8. hangary

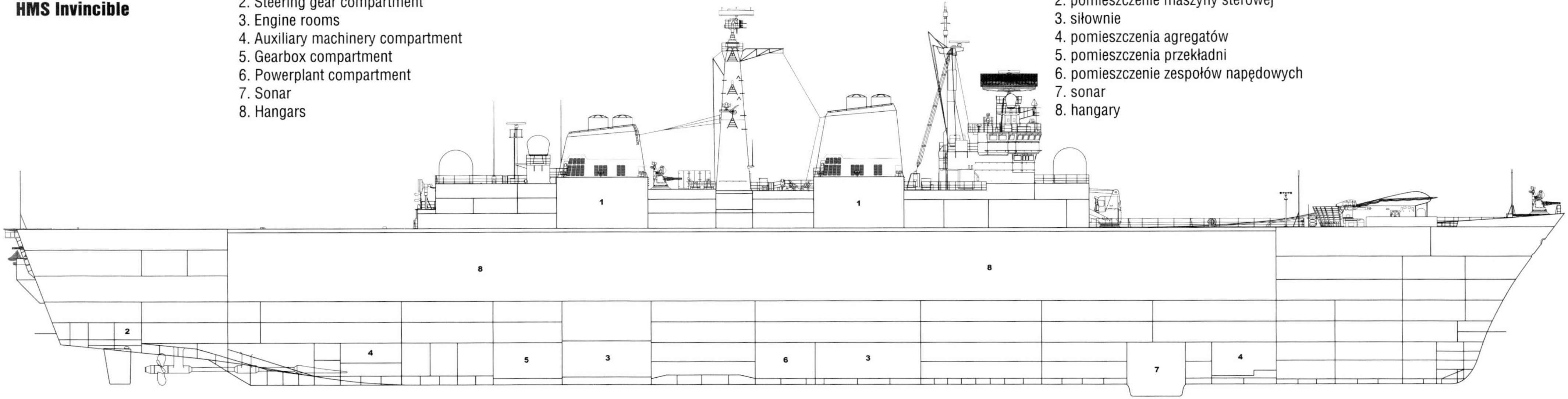

Transverse cross-section
Przekroje wręgowe.
Scale/Skala: 1:400

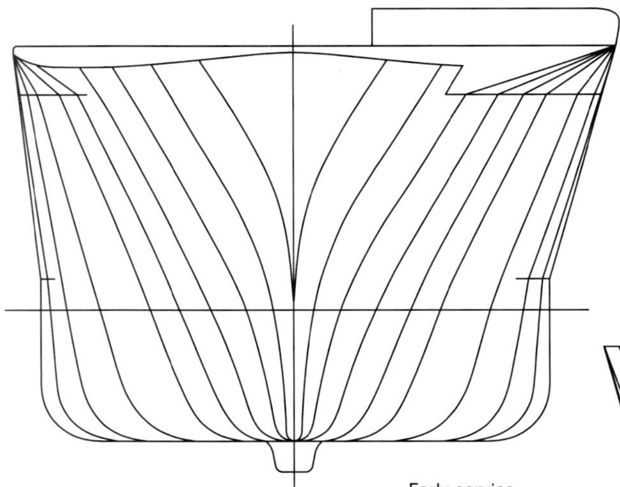

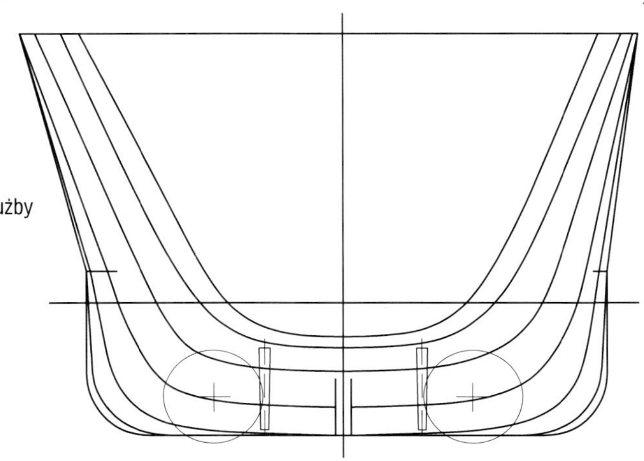

Early service
Początkowy okres służby

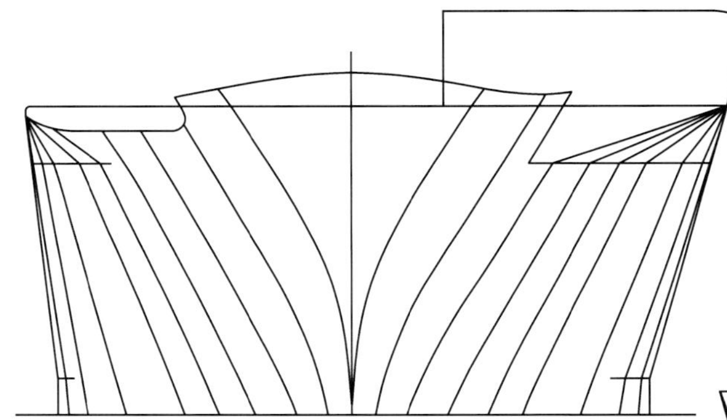

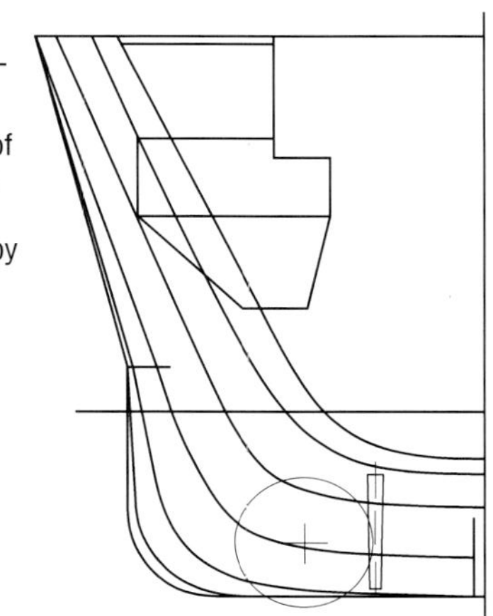

After reconstruction of
ski-jump and close-in
artillery station
Po przebudowie rampy
startowej i instalacji
stanowiska zestawu
artyleryjskiego

Transom in early service years
Pawęż w początkowym okresie służby

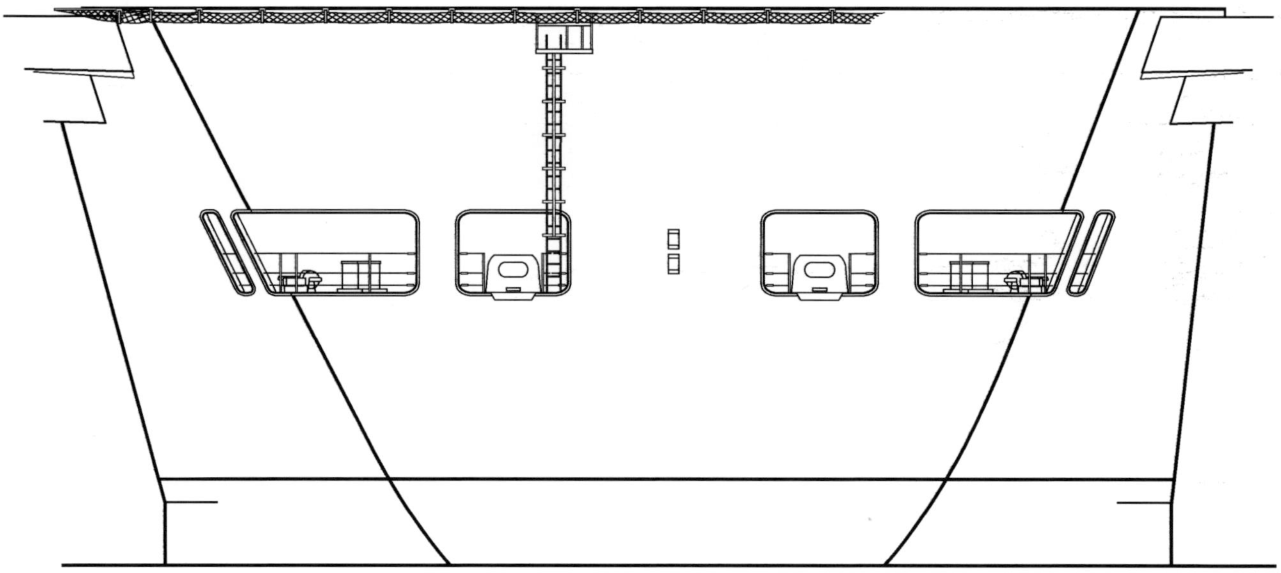

Transom after addition of the CIWS
Pawęż po instalacji stanowiska zestawu artyleryjskiego

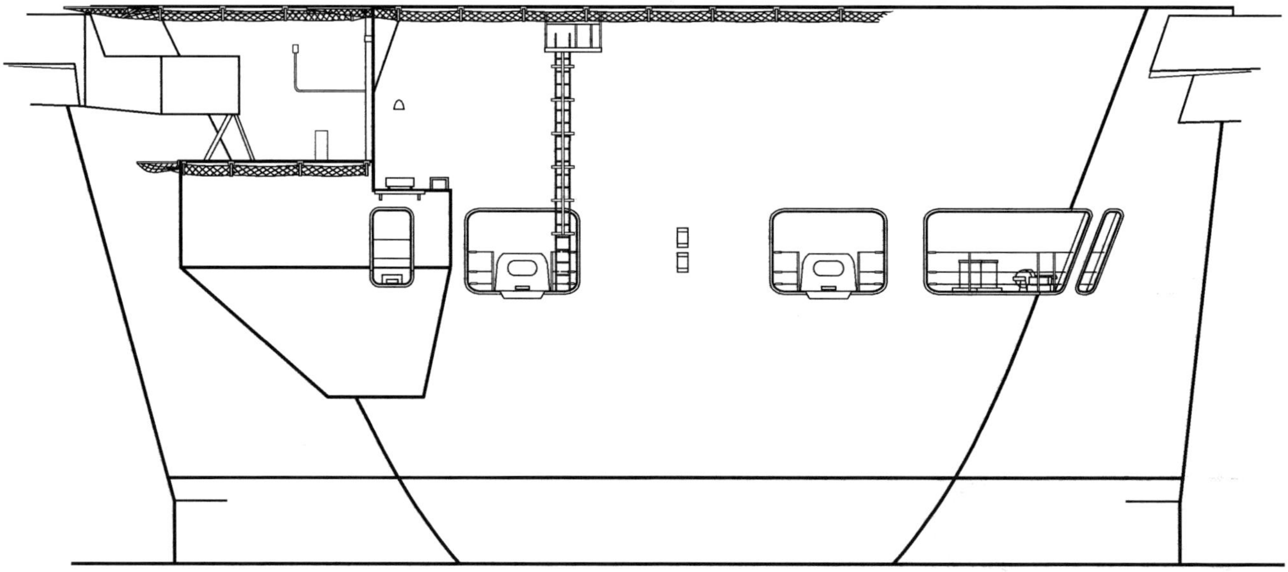

Scale/Skala: 1/200

Foredeck as of 1993
Pokład dziobowy wg stanu z 1993 roku

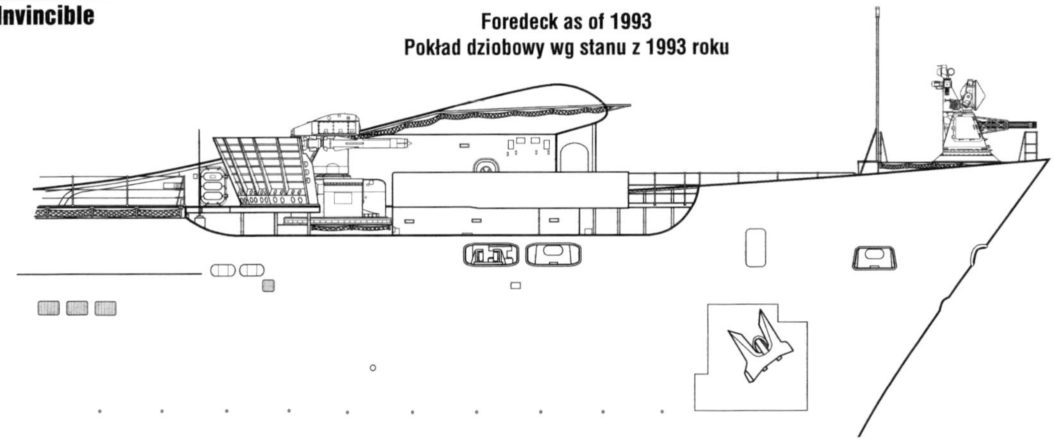

A

B

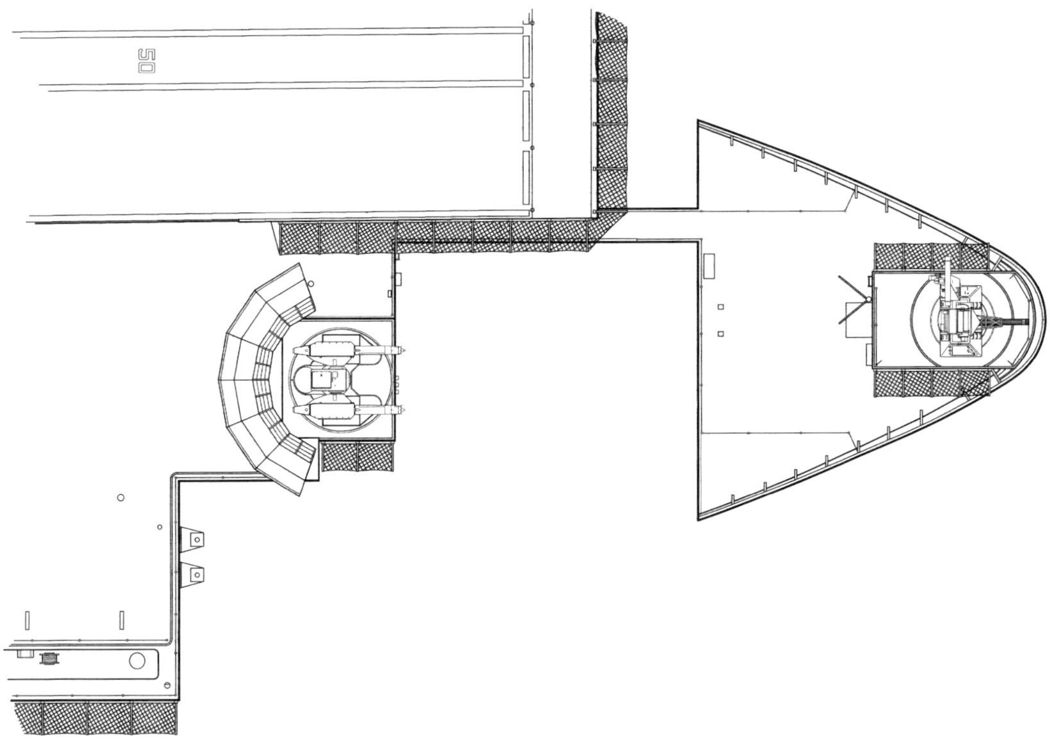

A

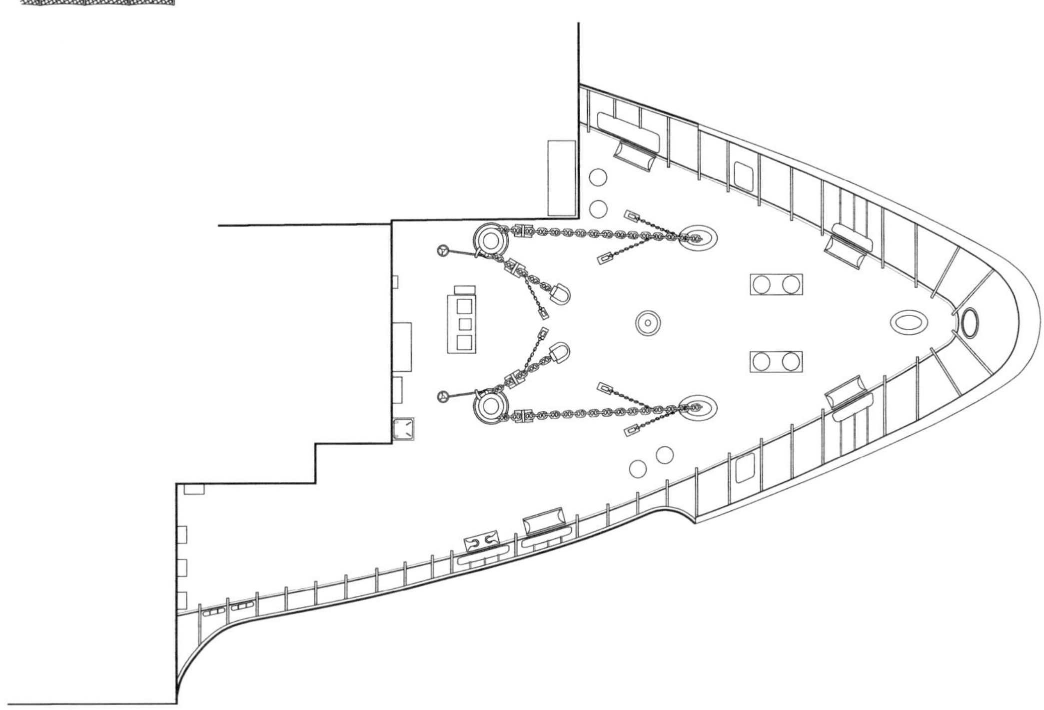

B

Scale/Skala: 1/300

Sheet/Arkusz 4

TOPDRAWINGS
Drawings/rysował: © Witold Koszela
HMS Invincible

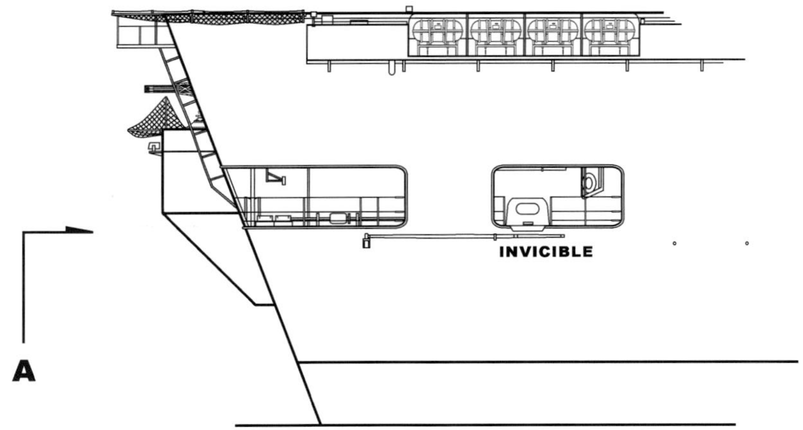

After deck with mooring equipment
Pokład rufowy z wyposażeniem cumowniczym

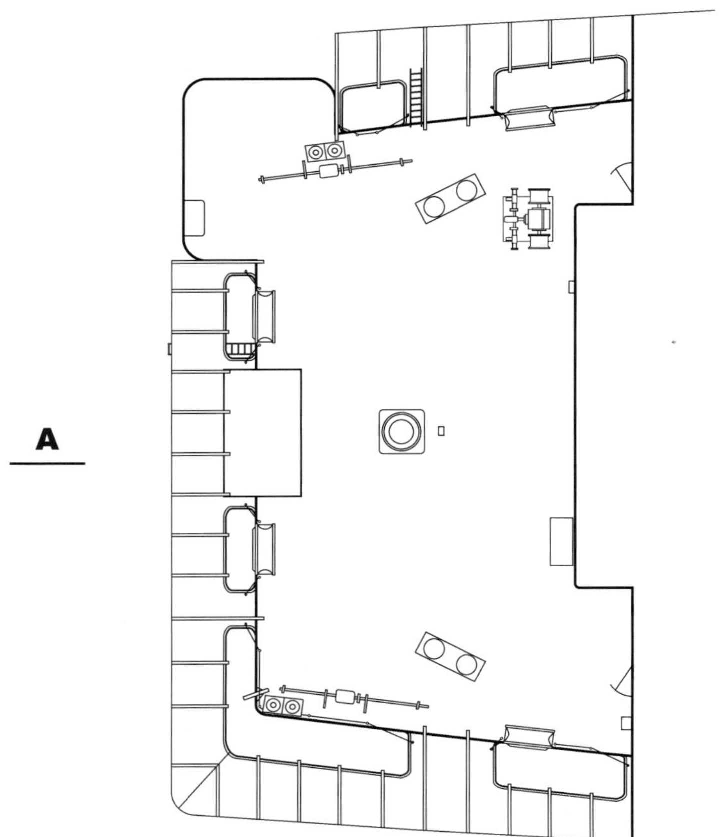

Starboard hull cutout and boat bay with a fast motor boat
Prawoburtowa wnęka kadłubowa z szybką łodzią motorową

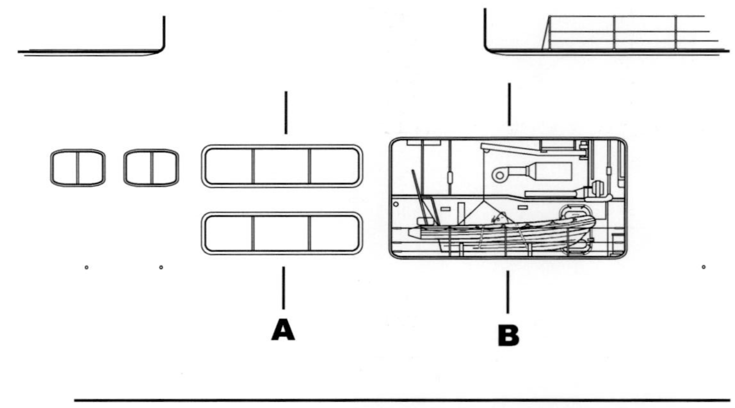

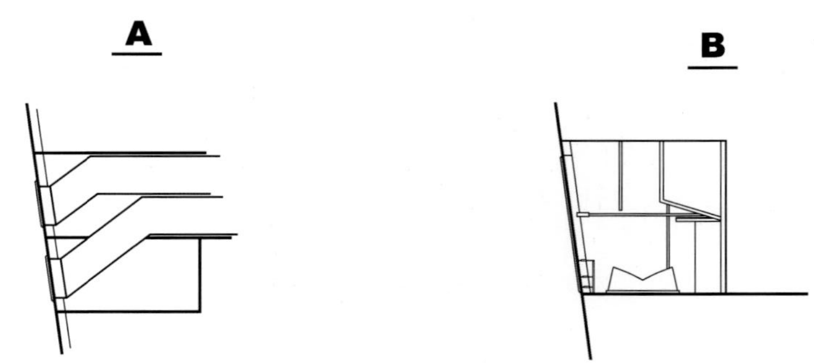

Scale/Skala: 1/300

www.kagero.eu
www.shop.kagero.pl

TOPDRAWINGS
Drawings/rysował: © Witold Koszela
HMS Invincible

Sheet/Arkusz 5

Port flare dispenser and boat bay
Lewoburtowe stanowisko wyrzutni flar i wnęka dla łodzi

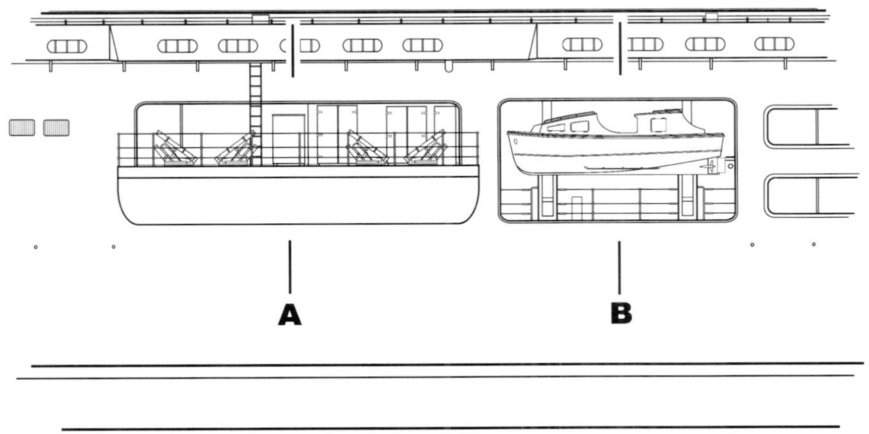

View from port side
Widok z lewej burty

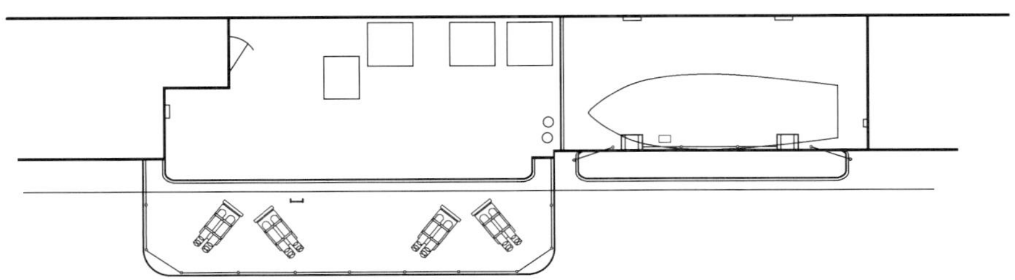

View from the top
Widok z góry

A

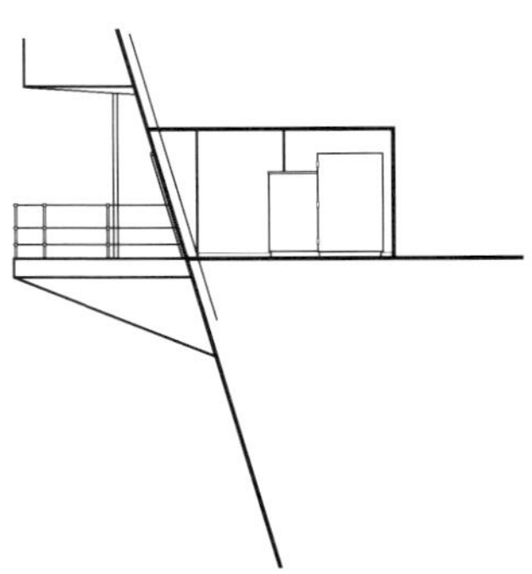

B

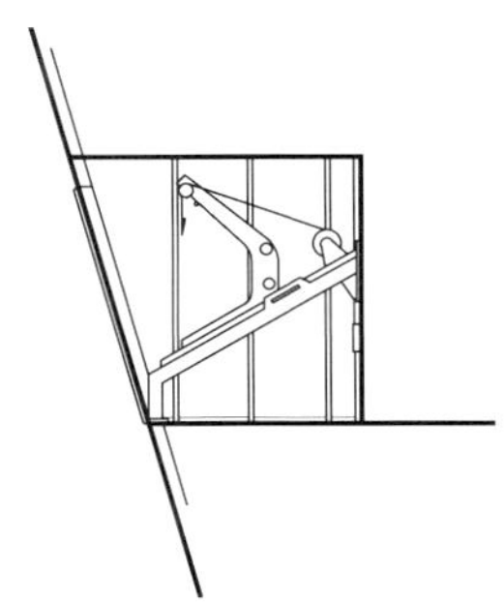

Aft Goalkeeper station
Rufowe stanowisko zestawu artyleryjskiego Goalkeeper

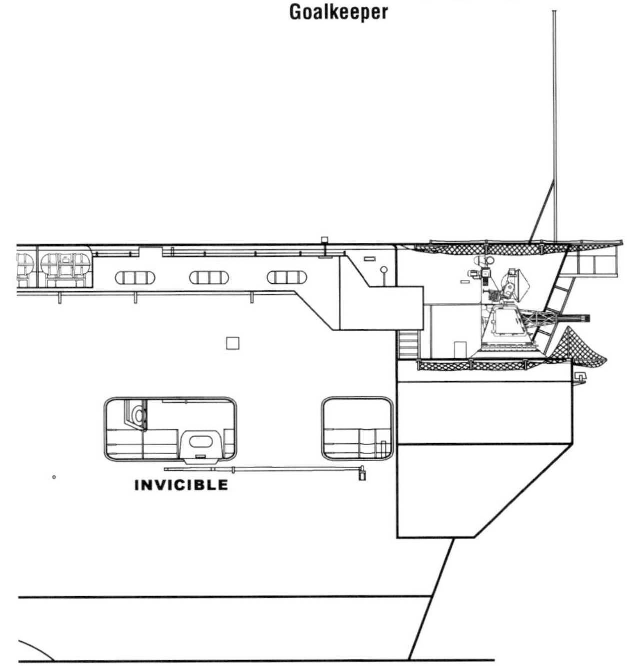

View from port side
Widok z lewej burty

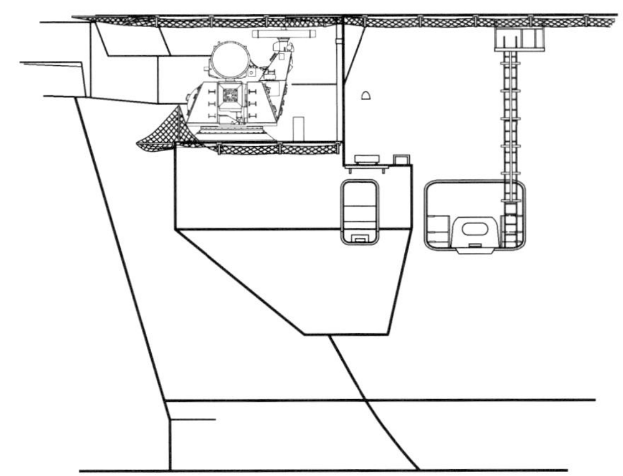

View from astern
Widok od rufy

Scale/Skala: 1/300

www.kagero.eu
www.shop.kagero.pl

Forward section of the island
Nadbudówka główna, część dziobowa

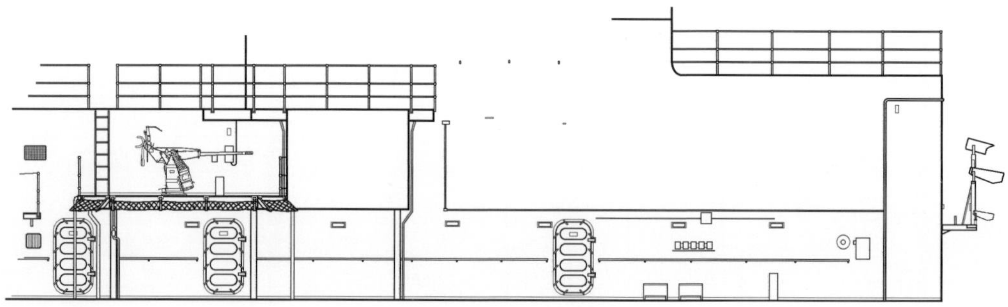

View from starboard side
Widok z prawej burty

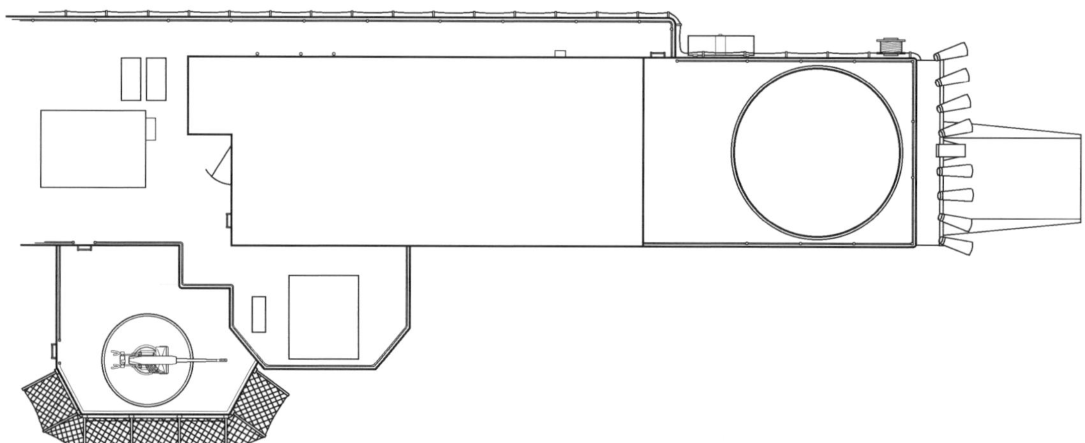

View from the top
Widok z góry

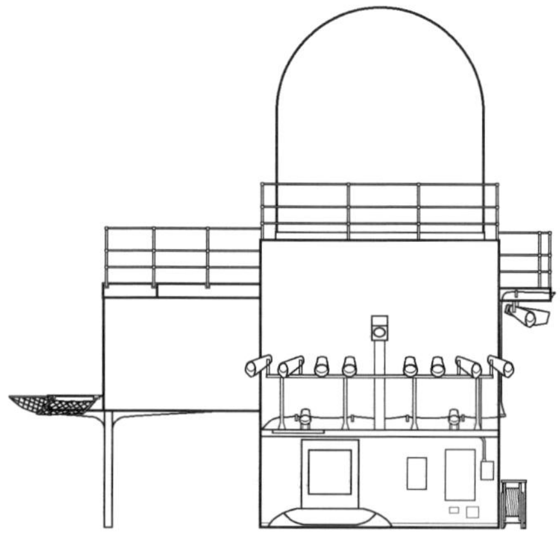

View from the bow
Widok od dziobu

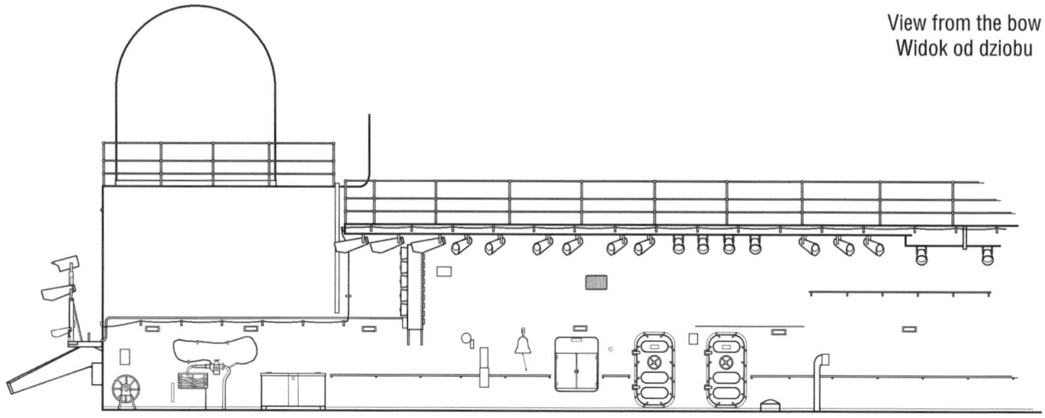

View from port side
Widok z lewej burty

Scale/Skala: 1/200

Mid-section of the island
Nadbudówka główna, część środkowa

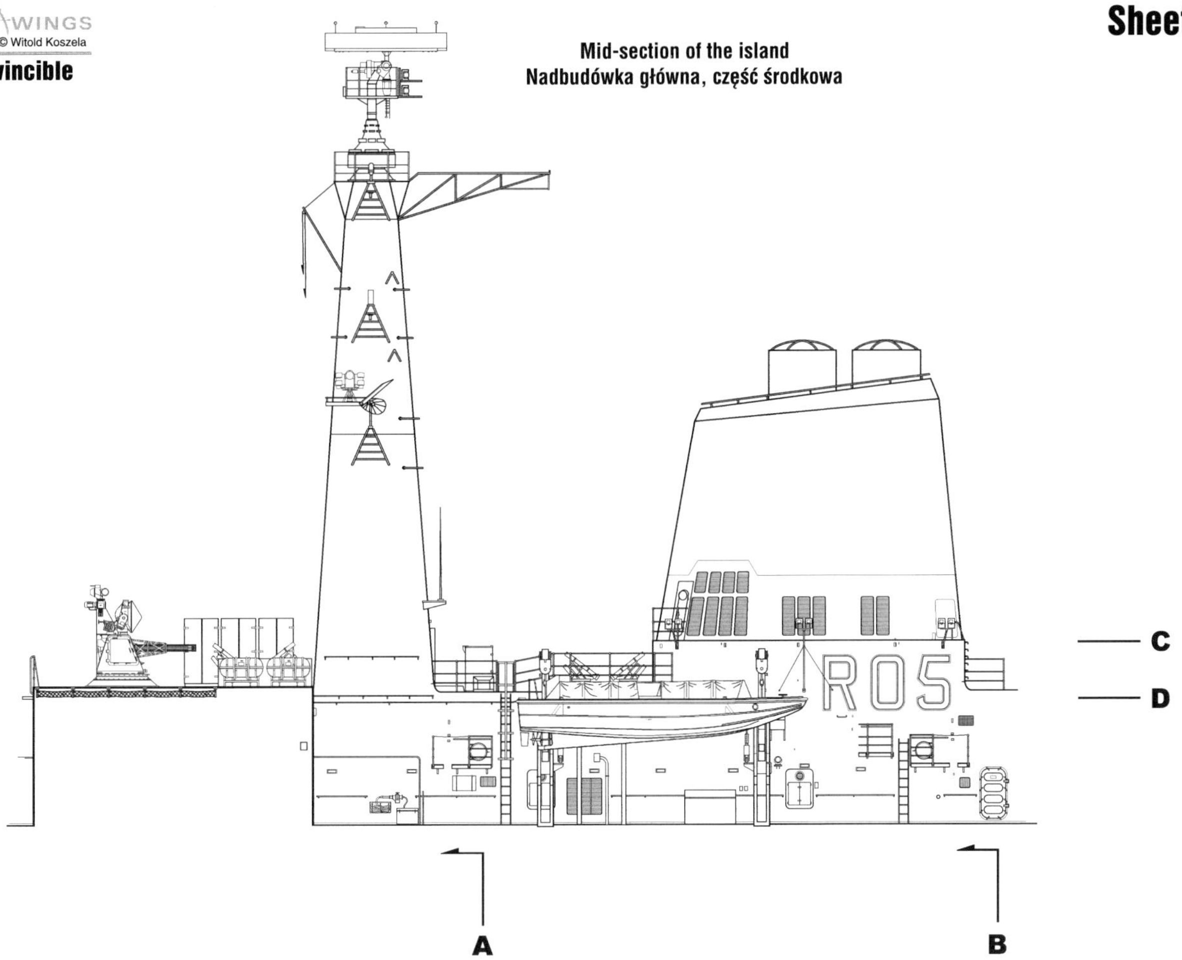

View from starboard side
Widok z prawej burty

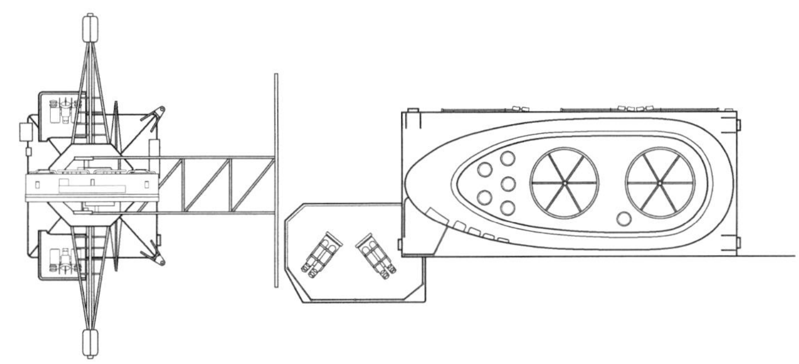

C

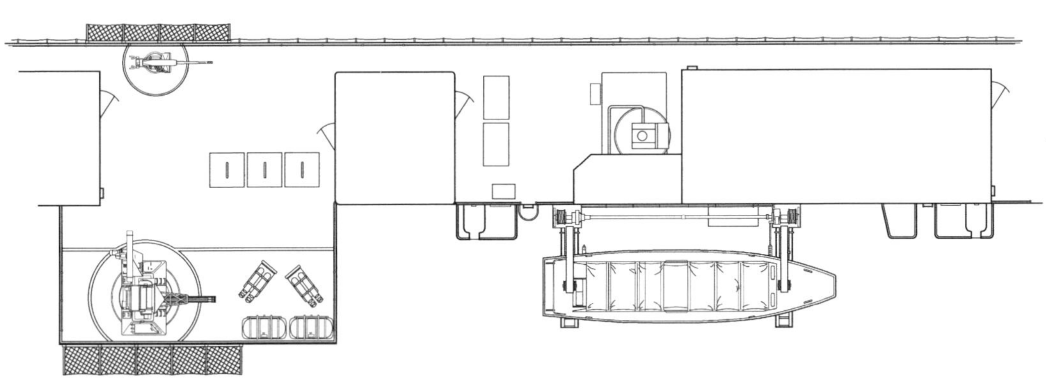

D

Scale/Skala: 1/300

Mid-section of the island
Nadbudówka główna, część środkowa

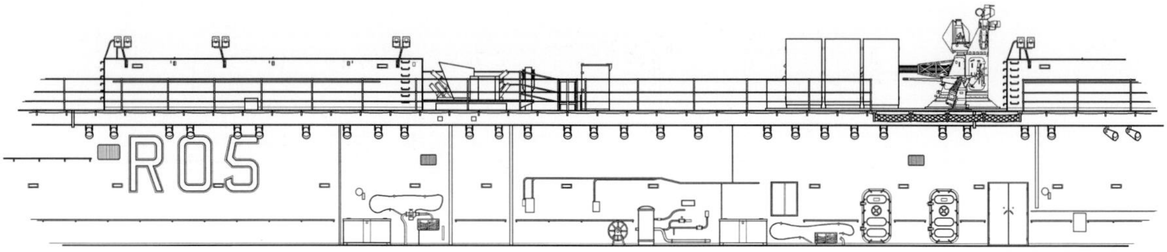

View from port side
Widok z lewej burty

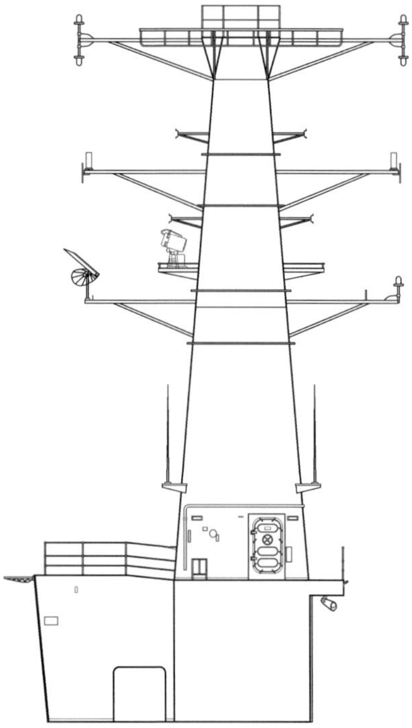

A

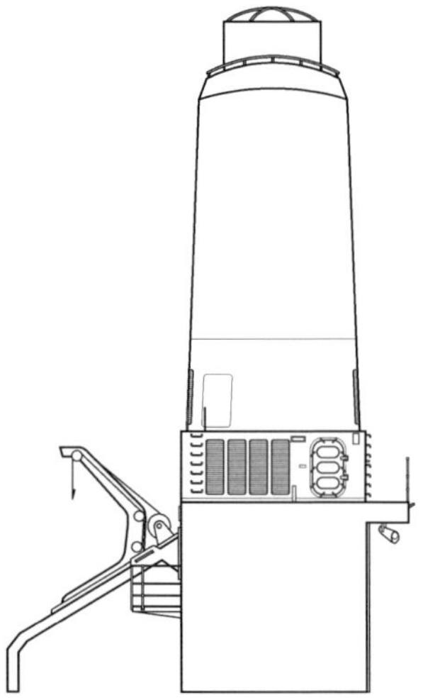

B

Aft section of the island
Nadbudówka główna, część rufowa

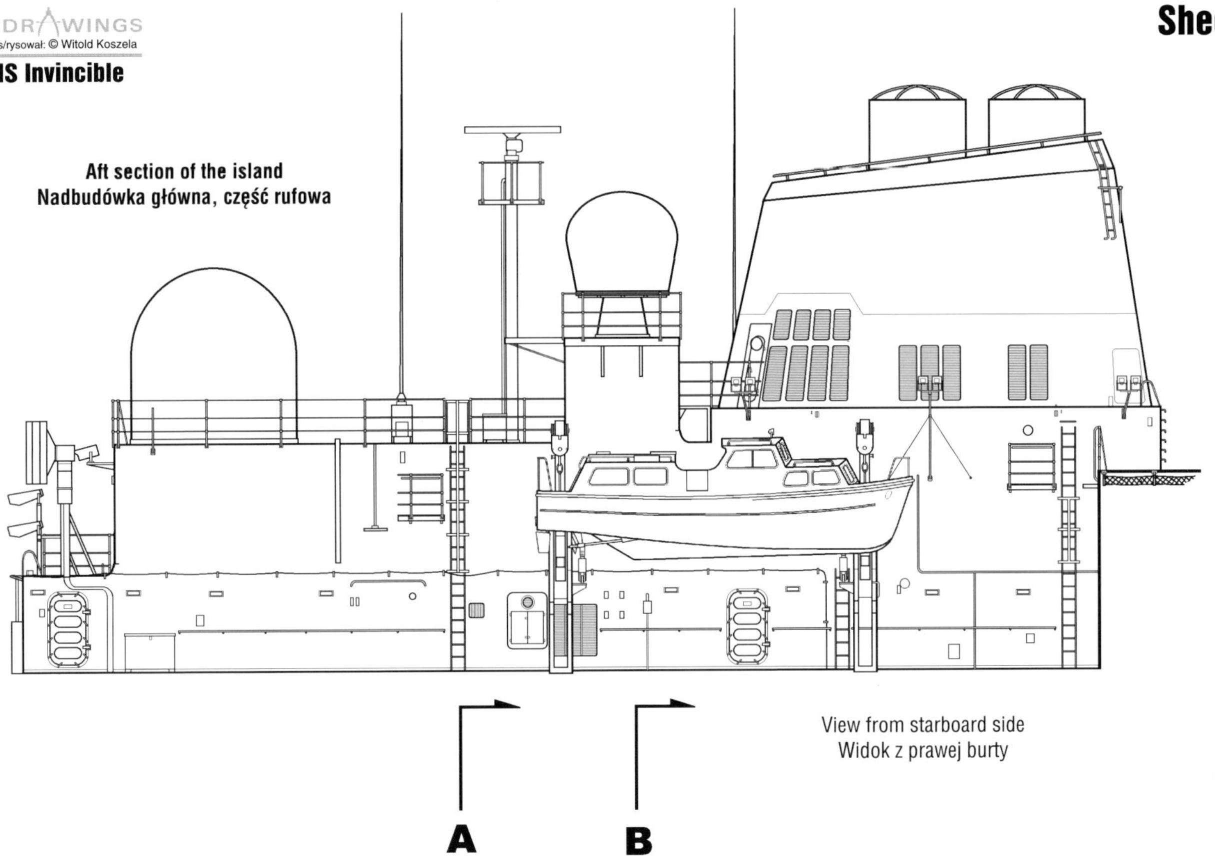

View from starboard side
Widok z prawej burty

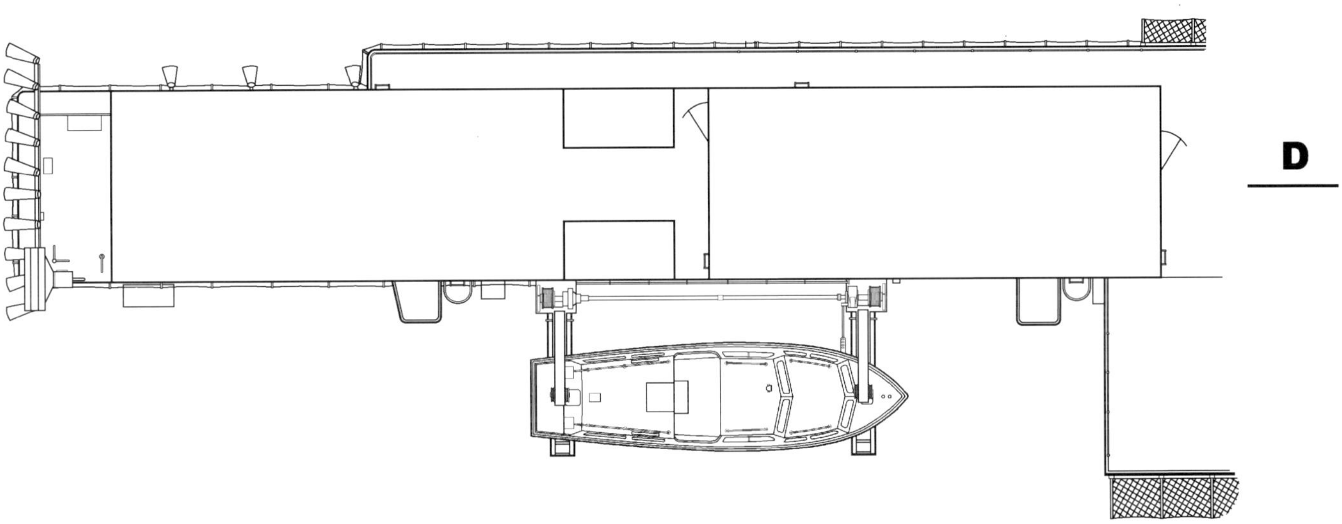

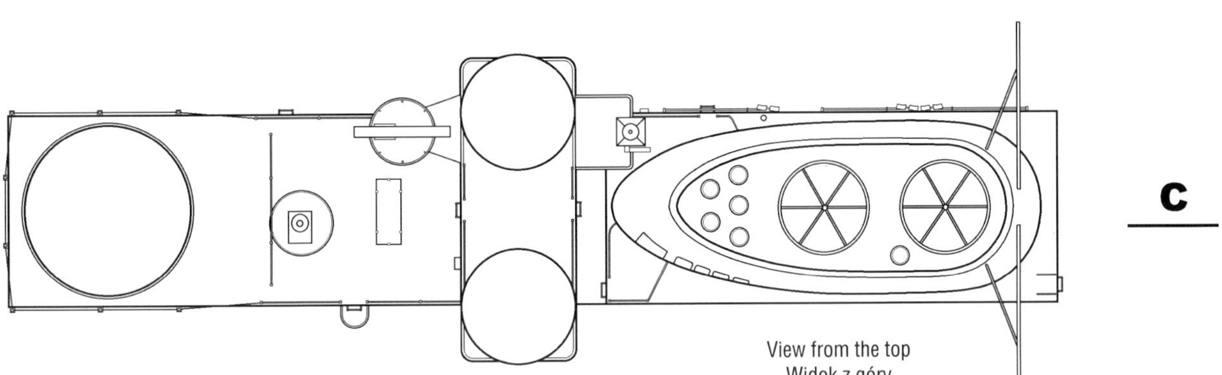

View from the top
Widok z góry

Scale/Skala: 1/200

Aft section of the island
Nadbudówka główna, część rufowa

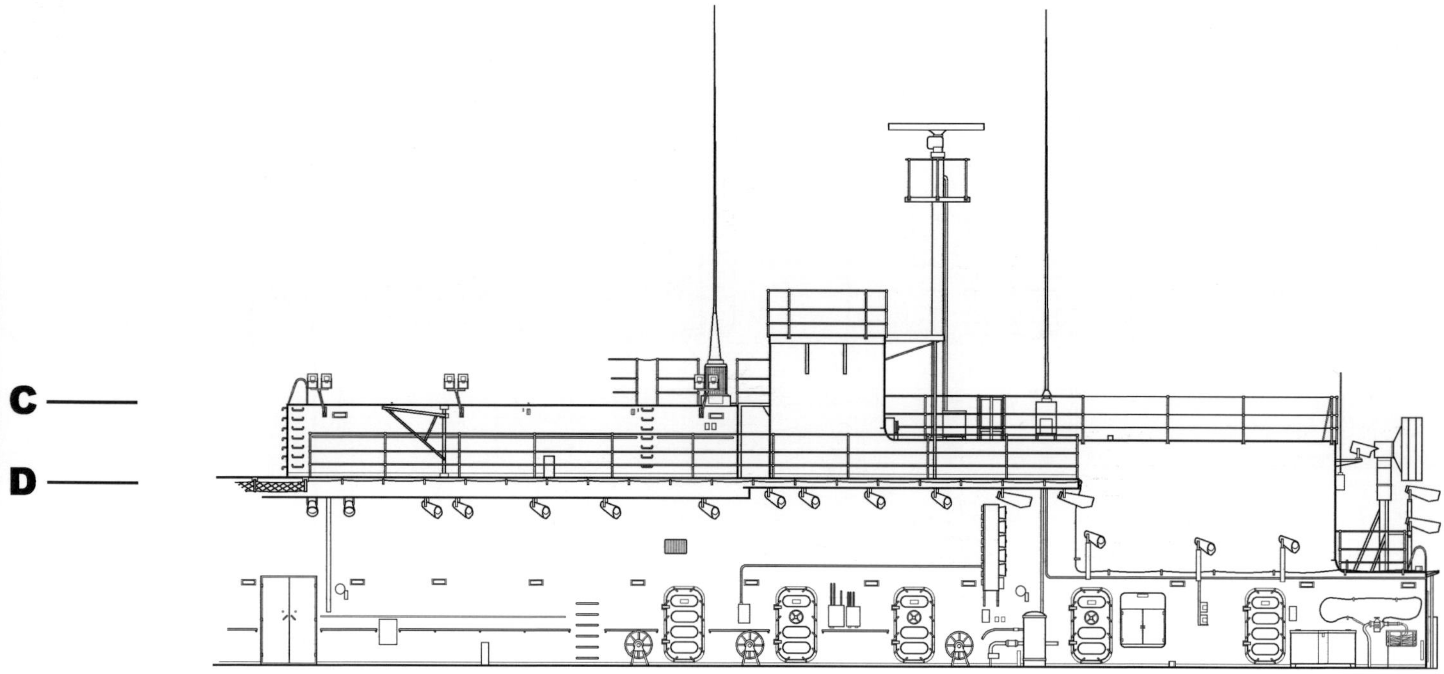

View from port side
Widok z lewej burty

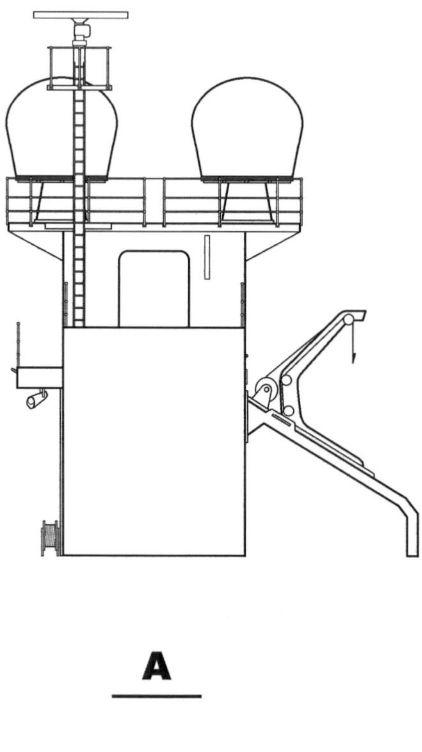

A

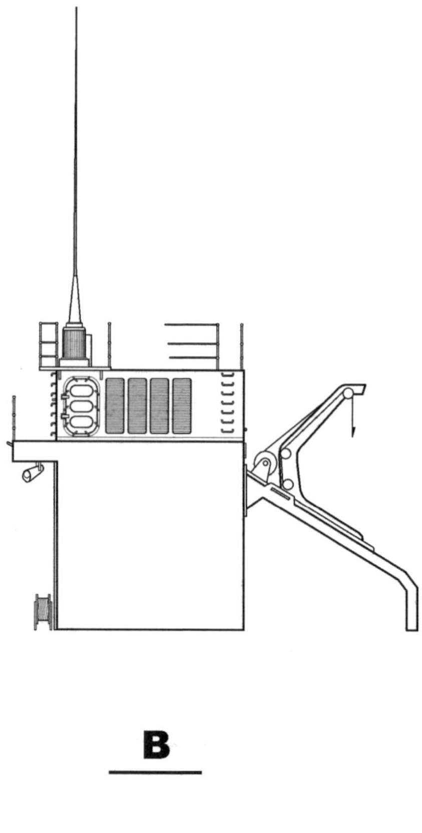

B

Scale/Skala: 1/200

Main island bridge
Nadbudówka główna, wieża dowodzenia

Sheet/Arkusz 11

TOPDRAWINGS
Drawings/rysował: © Witold Koszela

HMS Invincible

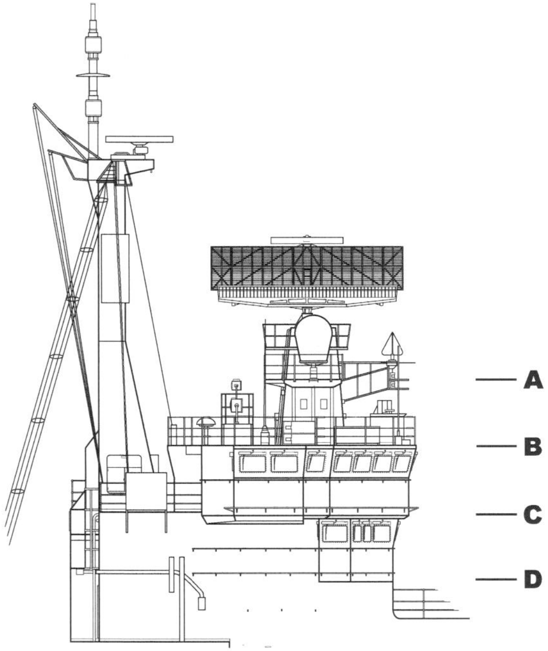

View from starboard side
Widok z prawej burty

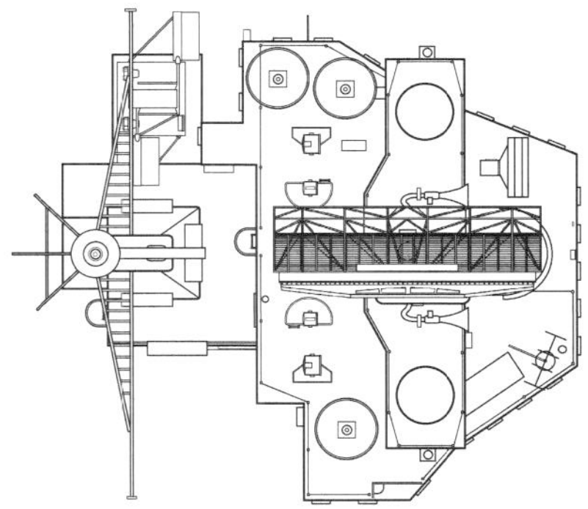

View from the top
Widok z góry

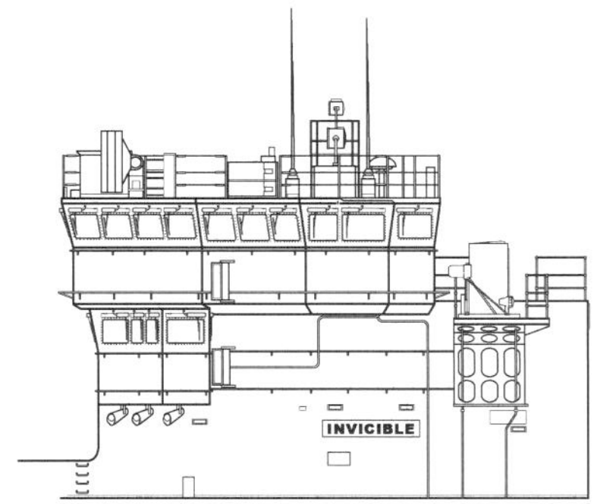

View from port side
Widok z lewej burty

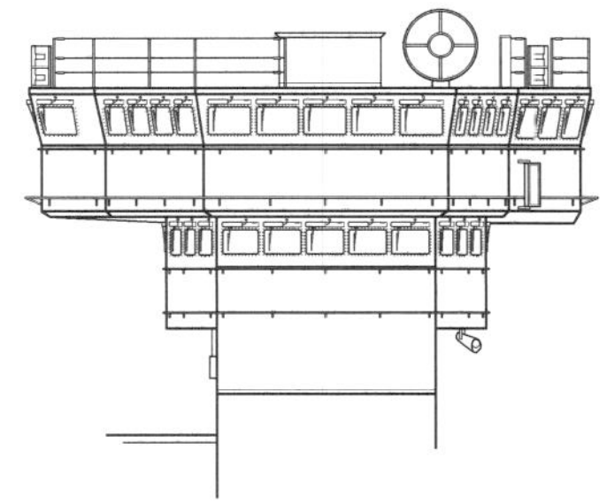

View from the bow
Widok od dziobu

D

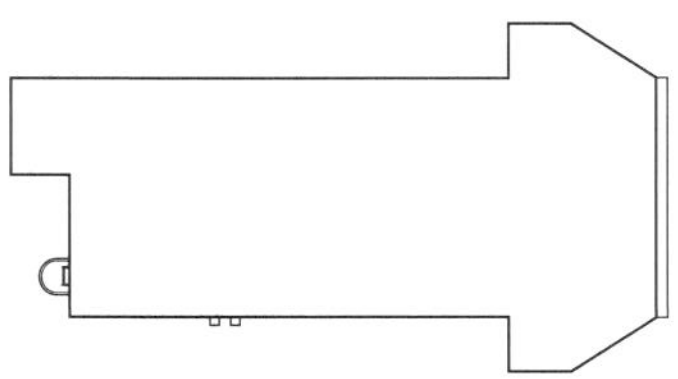

C

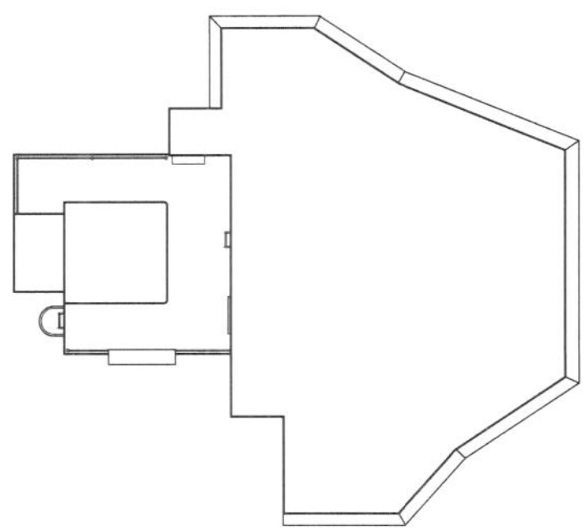

B

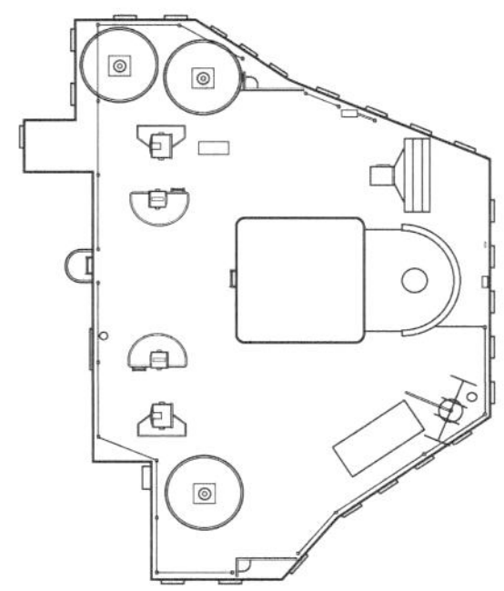

A

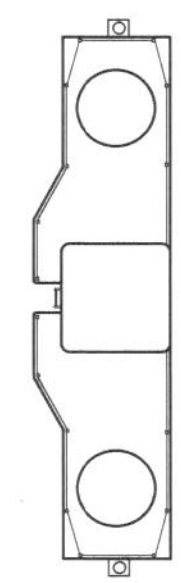

Scale/Skala: 1/300

www.kagero.eu
www.shop.kagero.pl

Main island, funnel No 1
Nadbudówka główna, komin nr 1

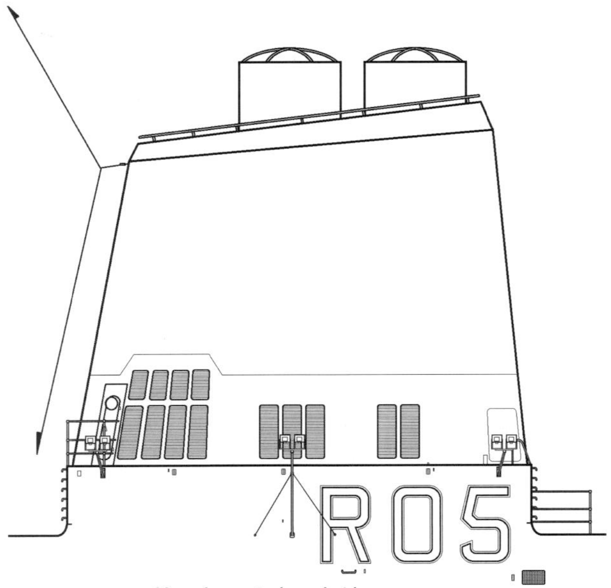

View from starboard side
Widok z prawej burty

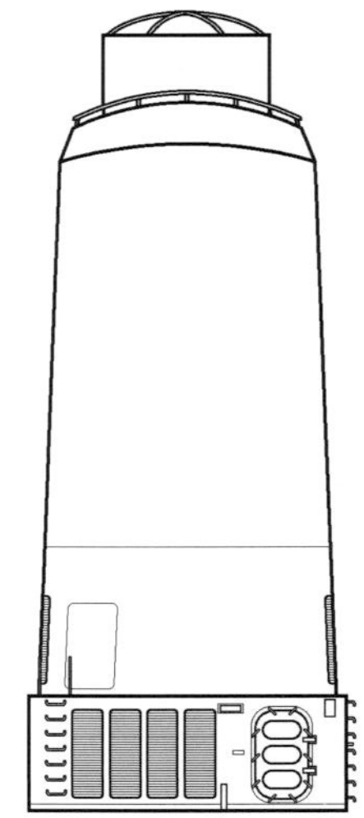

View from the bow
Widok od dziobu

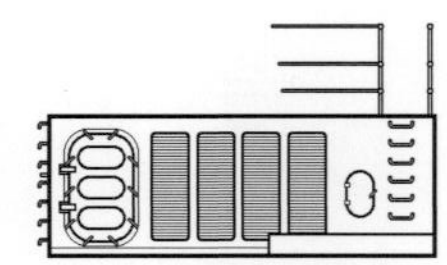

View from astern
Widok od rufy

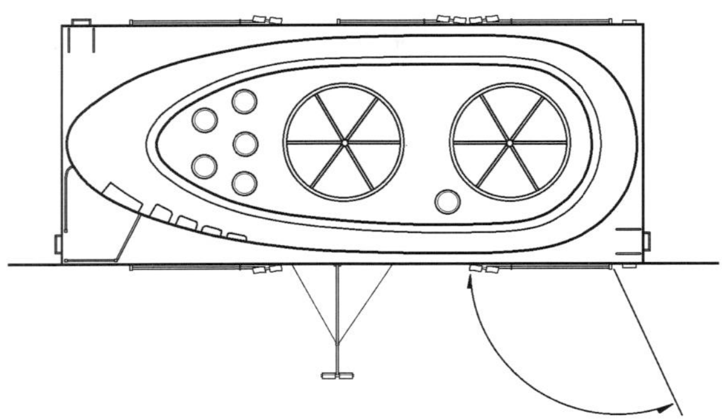

View from the top
Widok z góry

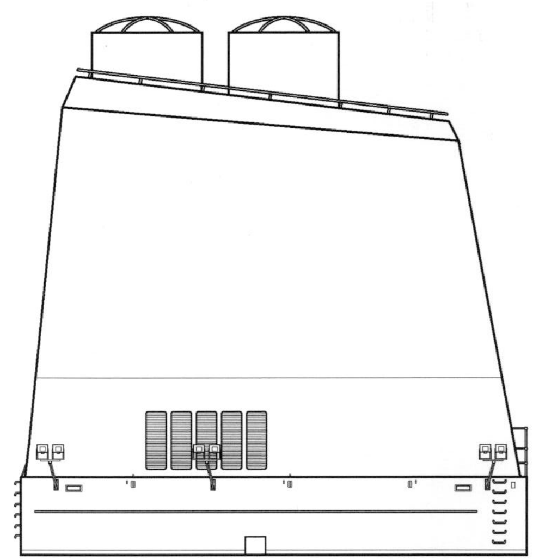

View from port side
Widok z lewej burty

www.kagero.eu
www.shop.kagero.pl

Main island, funnel No 2
Nadbudówka główna, komin nr 2

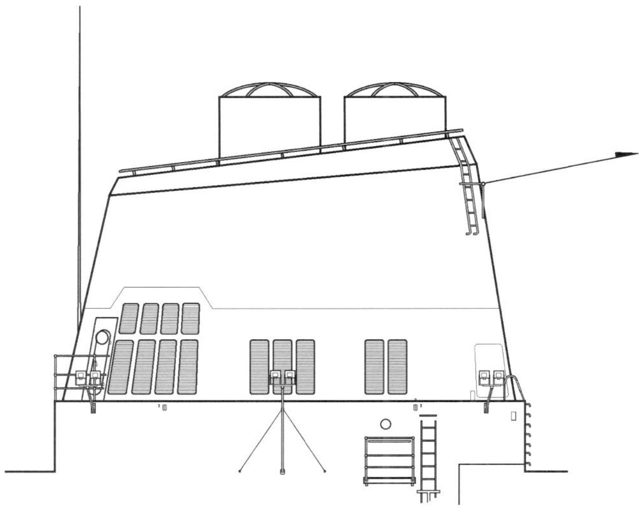

View from starboard side
Widok z prawej burty

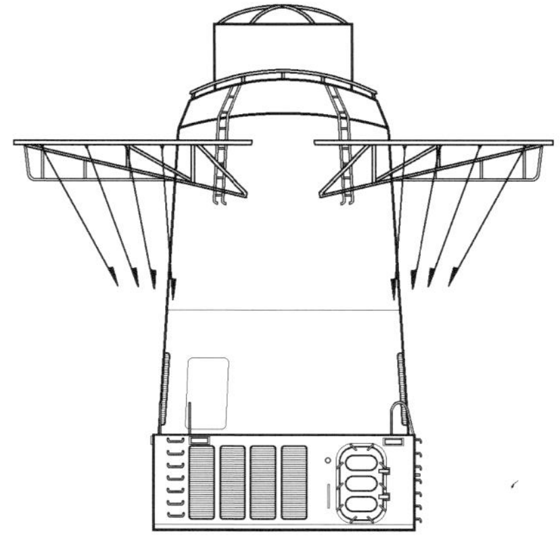

View from the bow
Widok od dziobu

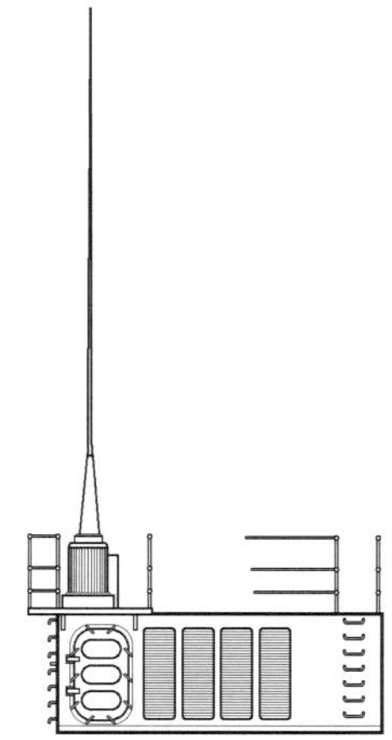

View from astern
Widok od rufy

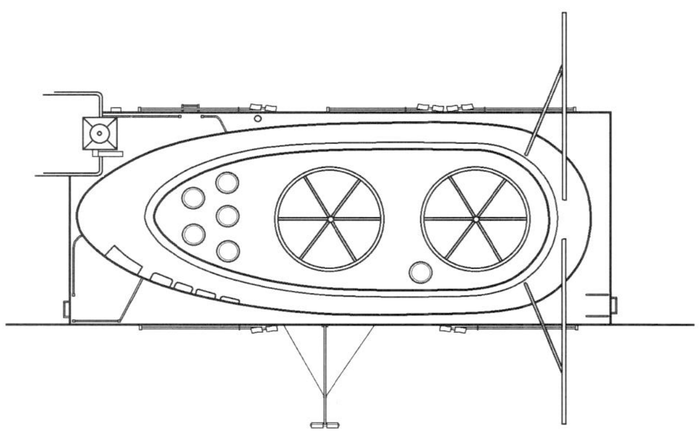

View from the top
Widok z góry

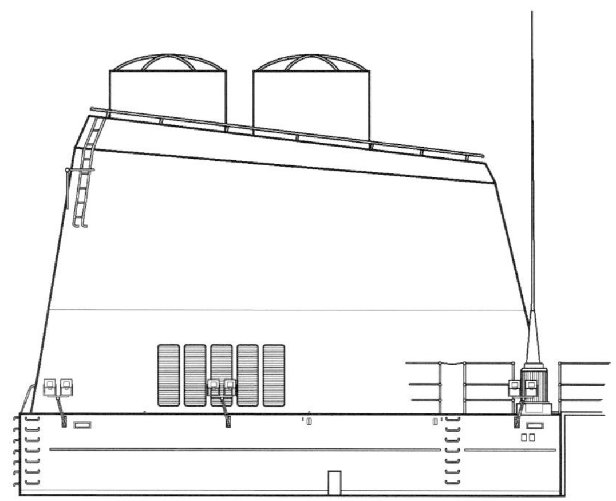

View from port side
Widok z lewej burty

Mainmast
Nadbudówka główna, maszt główny

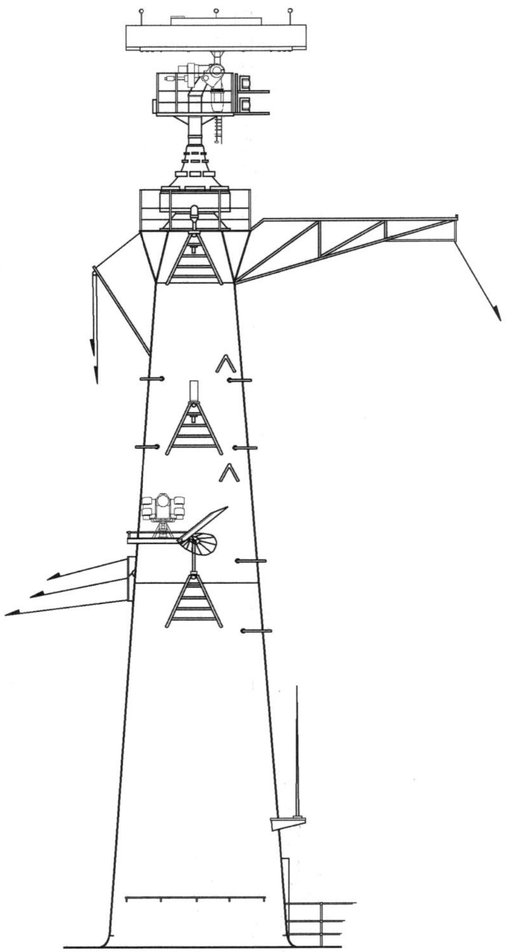

View from starboard side
Widok z prawej burty

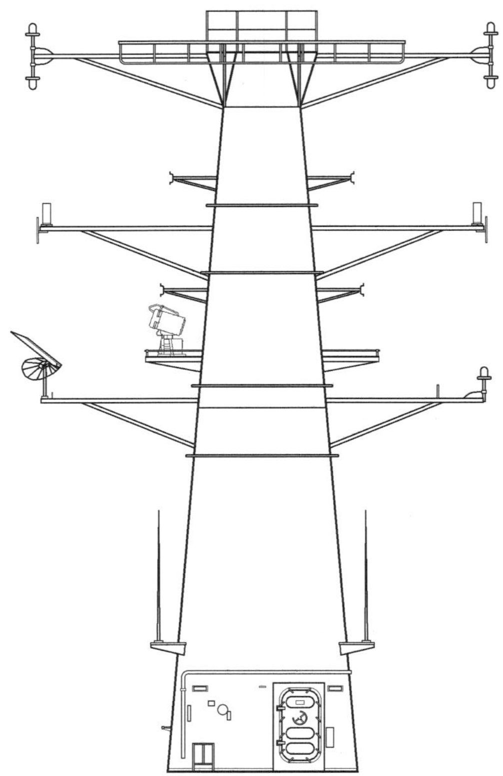

View from the bow
Widok od dziobu

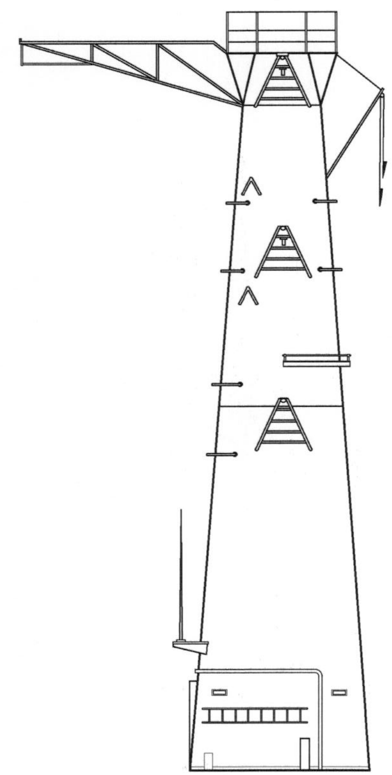

View from port side
Widok z lewej burty

Scale/Skala: 1/200

Forward mast
Nadbudówka główna, maszt dziobowy

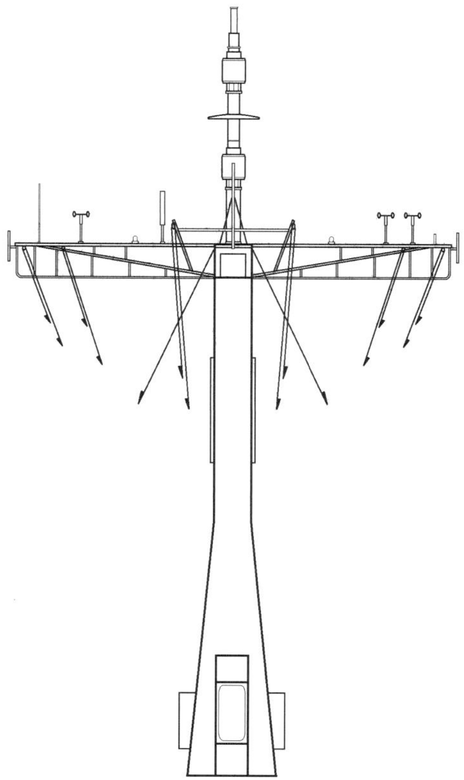

View from astern
Widok od rufy

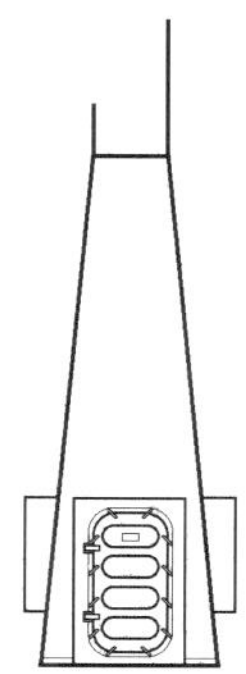

View from starboard side
Widok z lewej burty

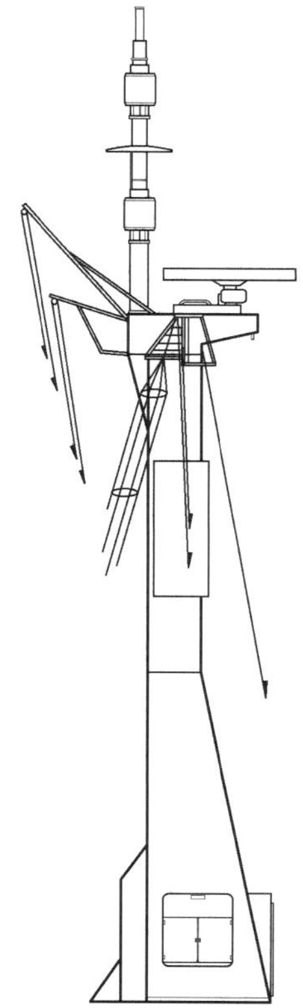

View from port side
Widok z prawej burty

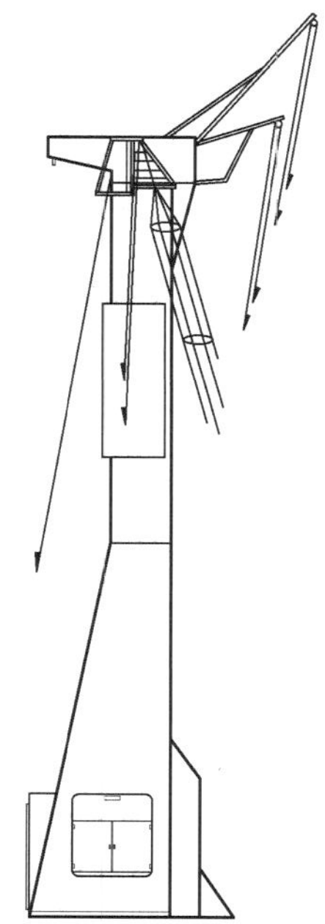

View from the bow
Widok od dziobu

Scale/Skala: 1/200

Landing aids
Sygnalizator

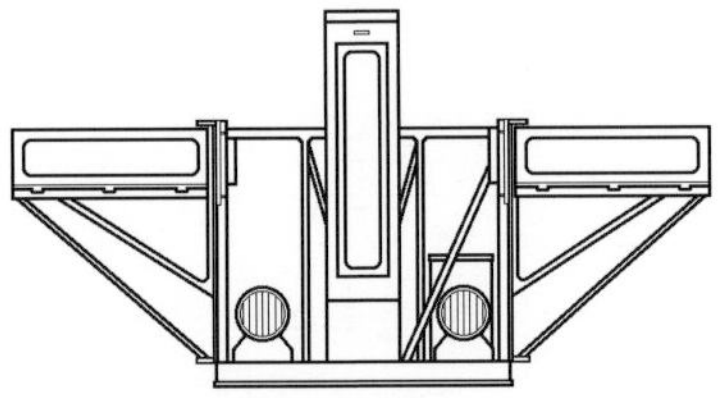

View from astern
Widok od tyłu

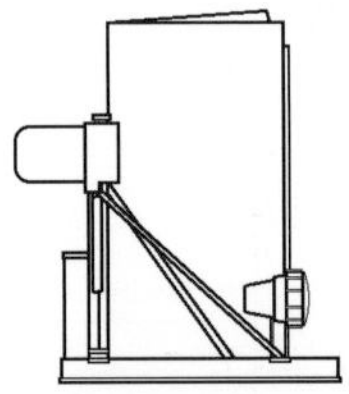

View from starboard side
Widok z prawej strony

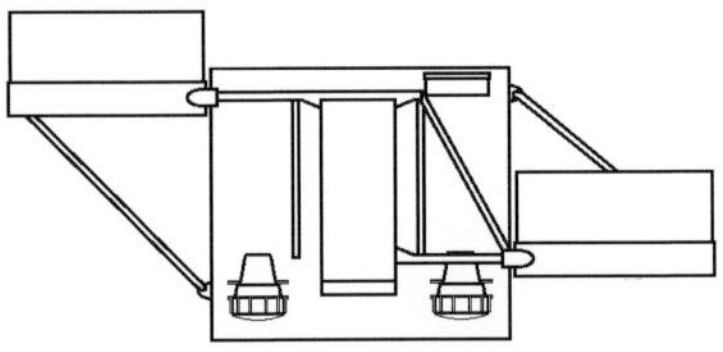

View from the top
Widok z góry

Type 1022 radar array
Antena radaru typu 1022

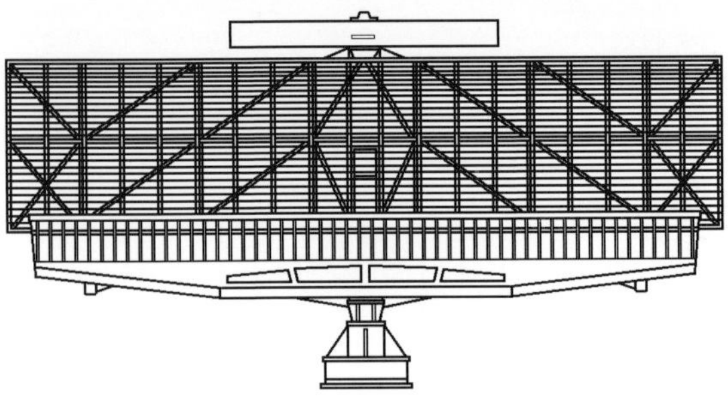

View from the front
Widok od przodu

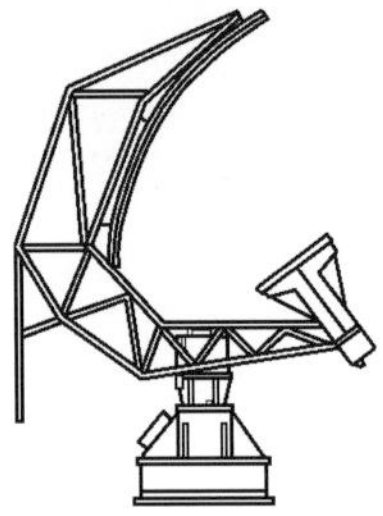

View from starboard side
Widok z prawej strony

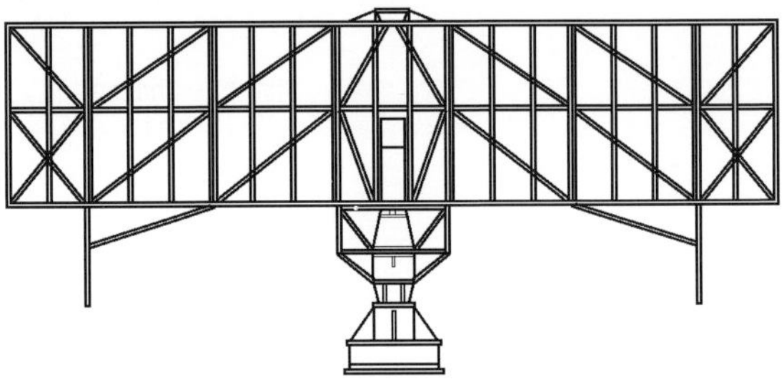

Support structure
Rama konstrukcyjna

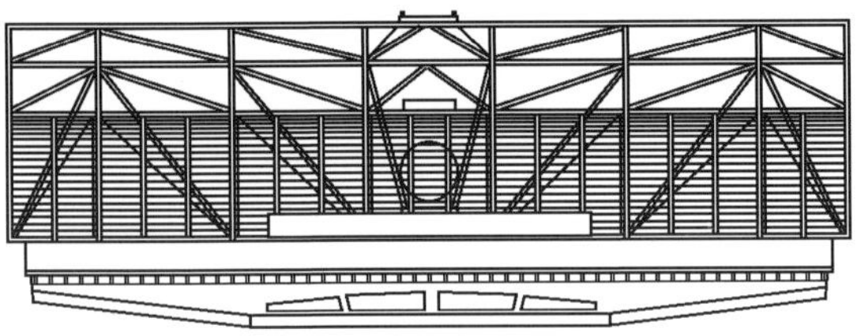

View from the top
Widok z góry

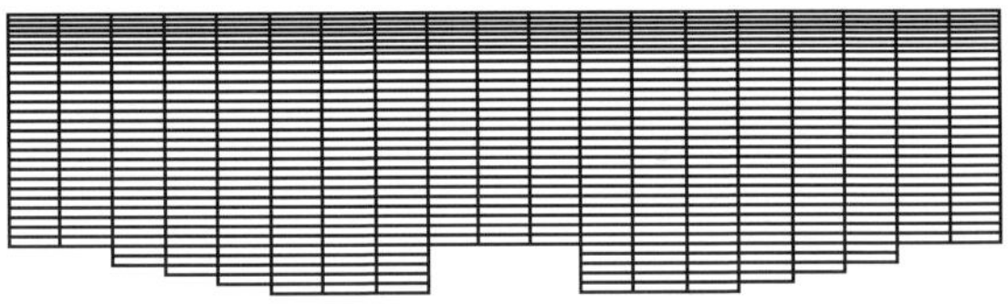

Array
Siatka

Type 996 radar array
Antena radaru typy 996

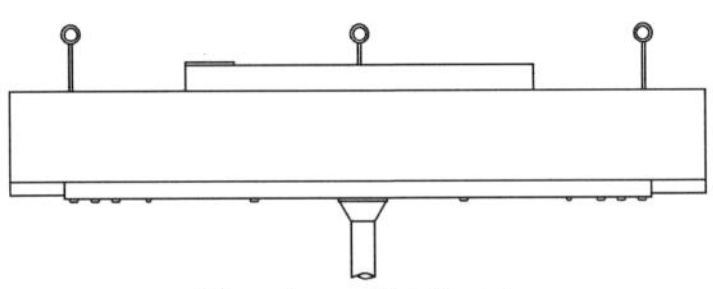

View from the front
Widok od przodu

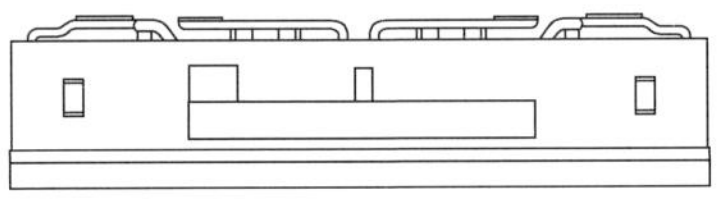

View from the top
Widok z góry

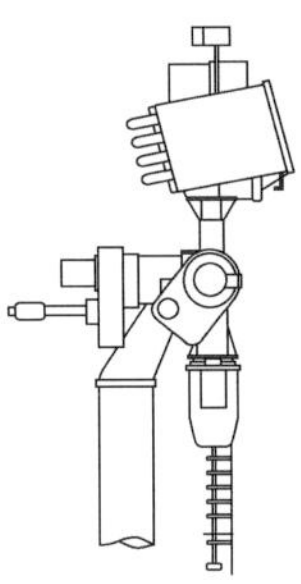

View from the back
Widok z tyłu

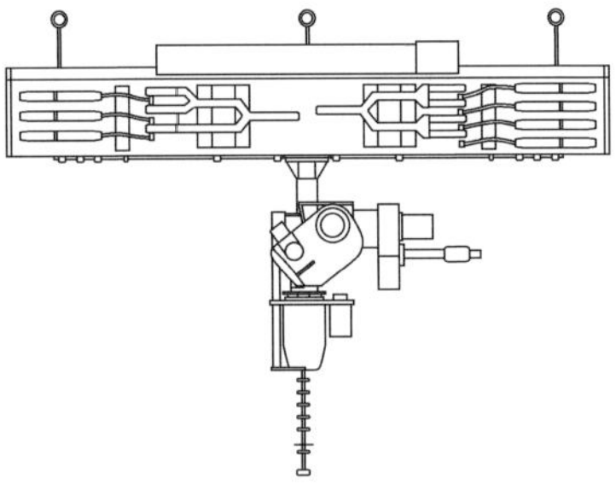

View from starboard side
Widok z prawej strony

Type 675 radar
Radar typu 675

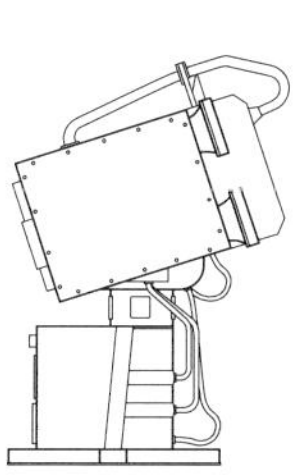

View from starboard side
Widok z prawej strony

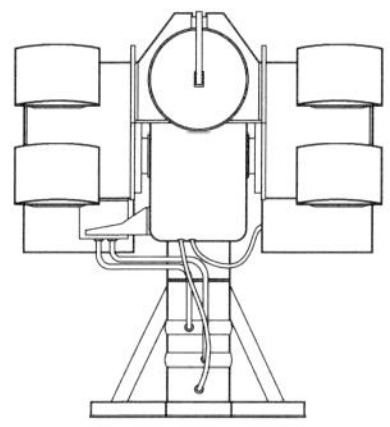

View from the front
Widok od przodu

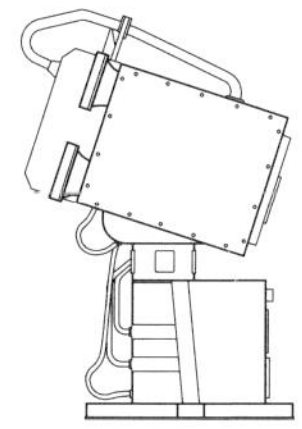

View from port side
Widok z lewej strony

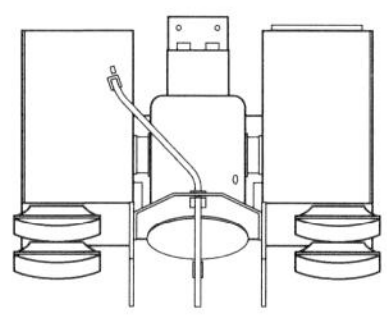

View from the top
Widok z góry

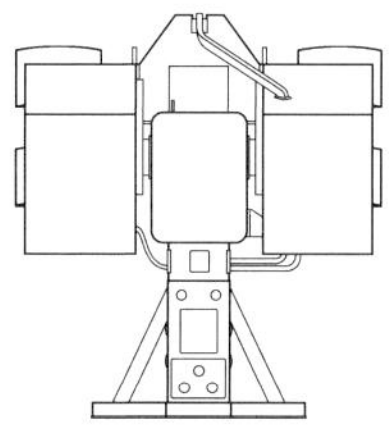

View from the back
Widok z tyłu

Crane
Dźwig pokładowy

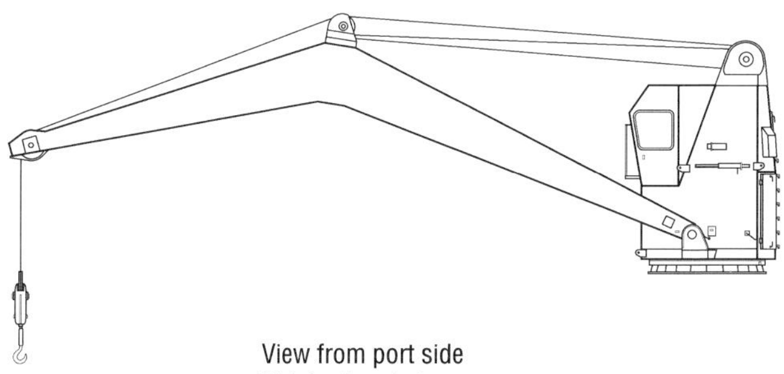

View from port side
Widok z lewej strony

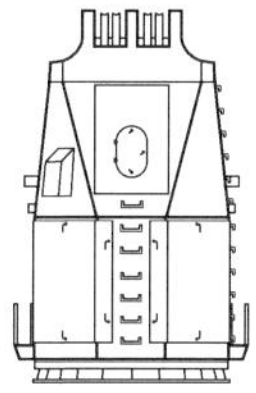

View from the back
Widok z tyłu

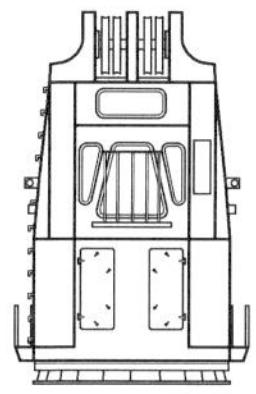

View from the front
Widok od przodu

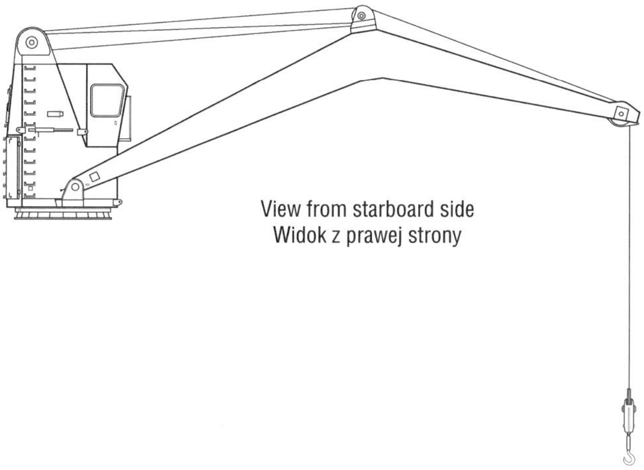

View from starboard side
Widok z prawej strony

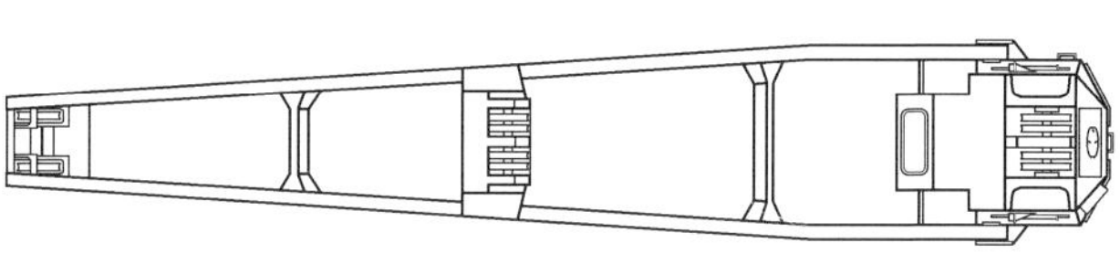

View from the top
Widok z góry

Ship's boats
Łodzie pokładowe

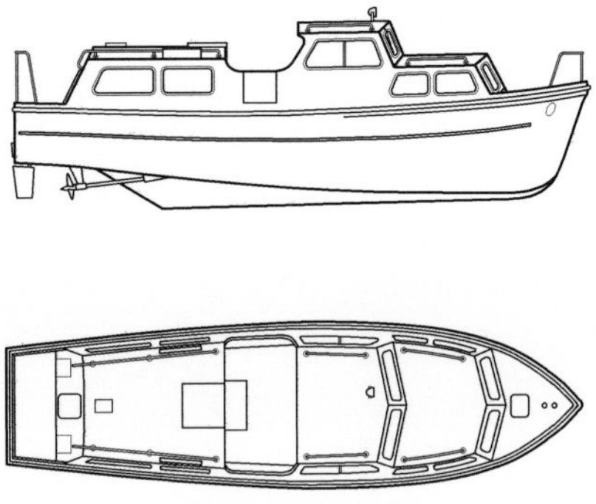

Main motor launch
Duża łódź motorowa

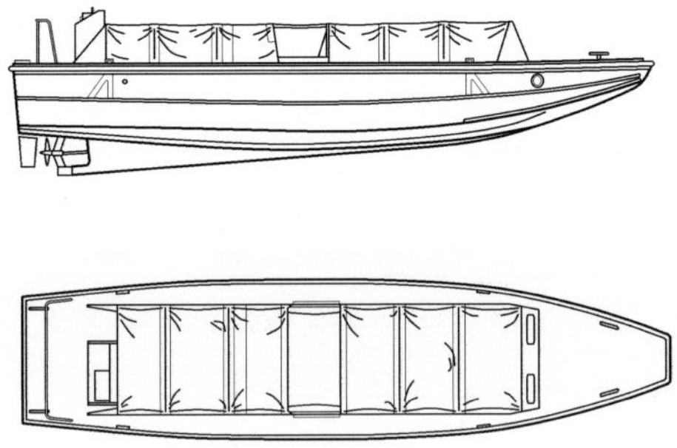

Dinghy
Dinghy

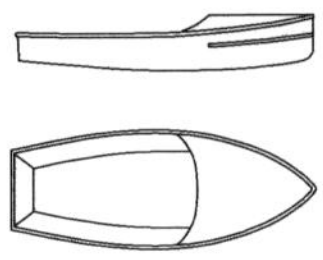

Utility boat
Łódź robocza

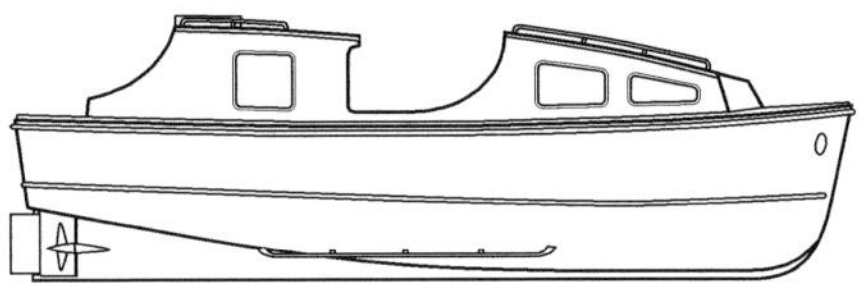

Motor boat
Łódź motorowa

Sea Dart launcher
Wyrzutnia Sea Dart

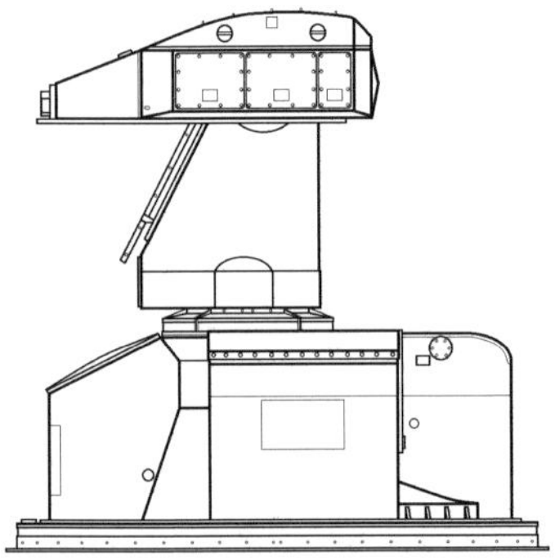

View from starboard side
Widok z prawej strony

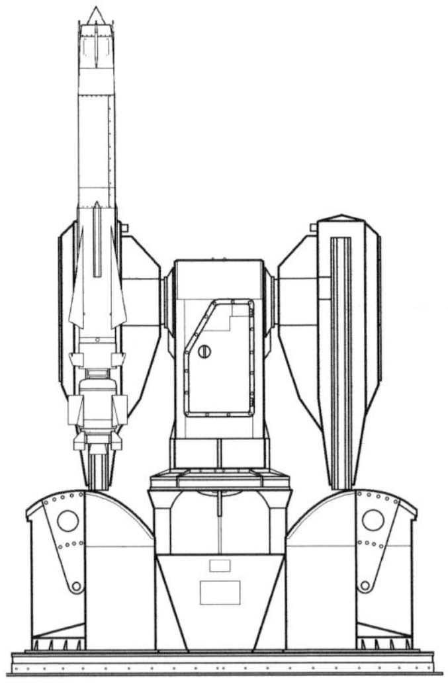

View from the front
Widok z przodu

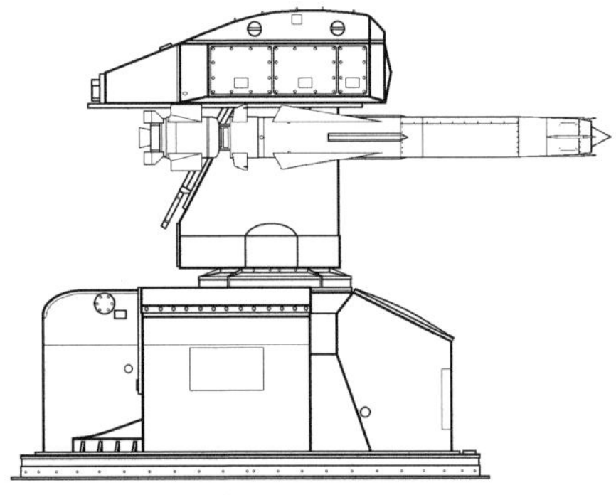

Missile on the launcher
Widok z pociskiem rakietowym

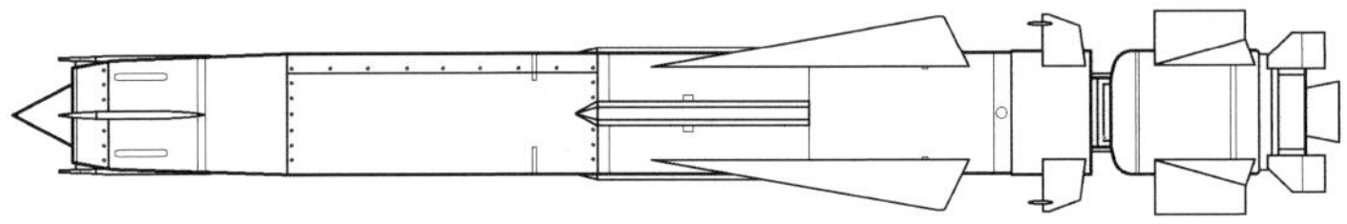

Sea Dart missile
Pocisk rakietowy

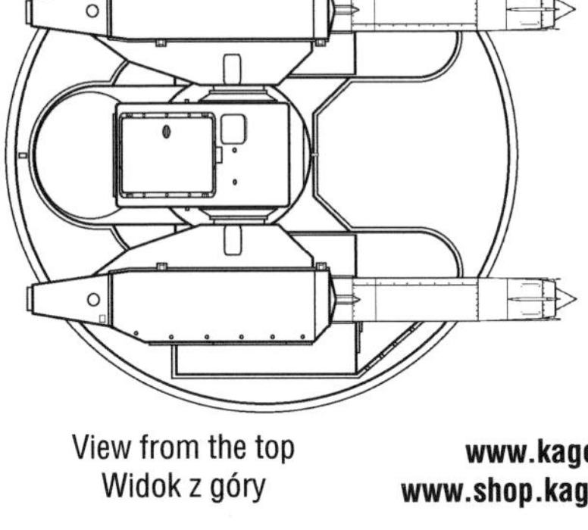

View from the top
Widok z góry

Sea Dart missile station
Osłona stanowiska wyrzutni Sea Dart

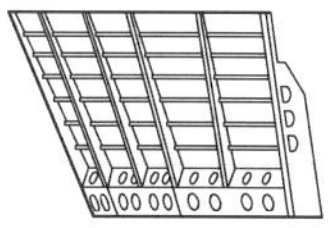
View from starboard side
Widok z prawej burty

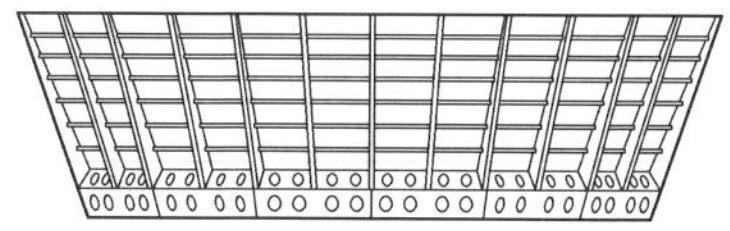
View from astern
Widok od rufy

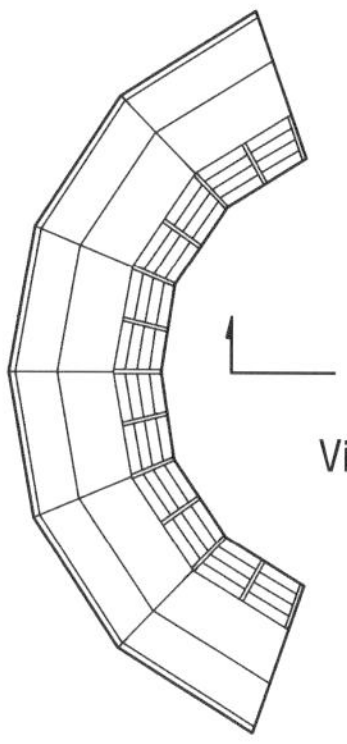
View from the top
Widok z góry

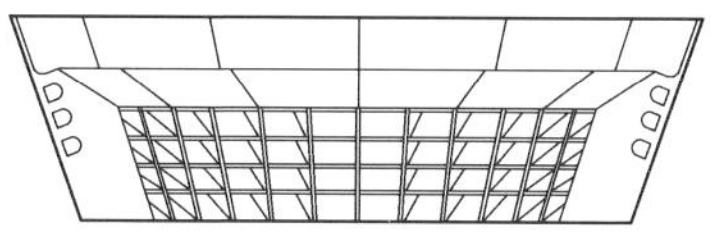
View from the bow
Widok od dziobu

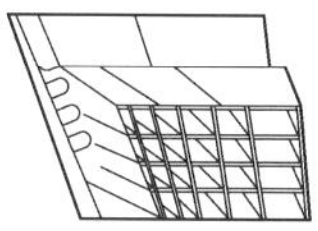
Cross-section view
Widok w przekroju poprzecznym

Phalanx CIWS
Zestaw artyleryjski Vulcan-Phalanx

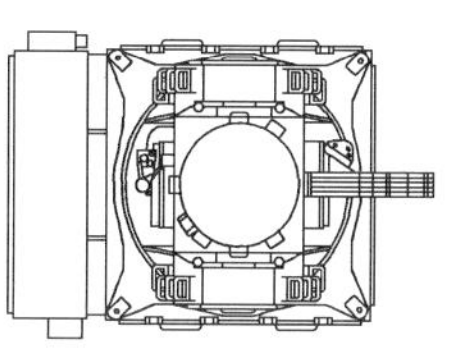
View from the top
Widok z góry

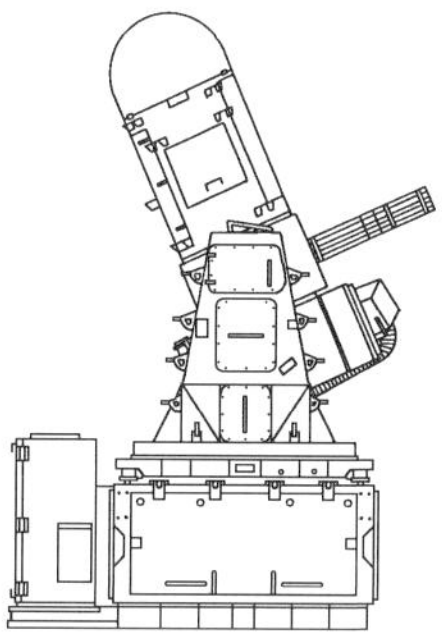
View from starboard side
Widok z prawej strony

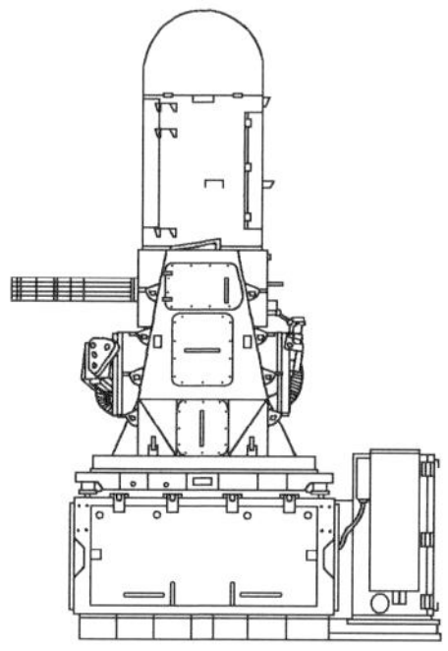
View from port side
Widok z lewej strony

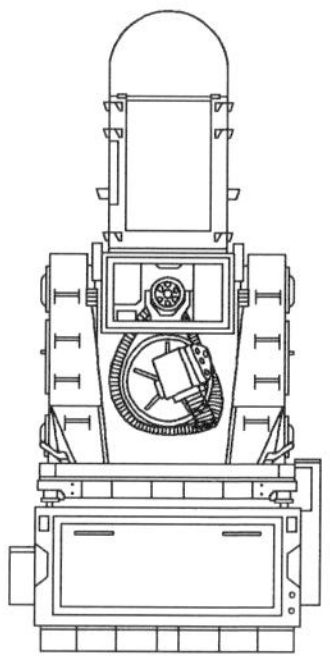
View from the front
Widok z przodu

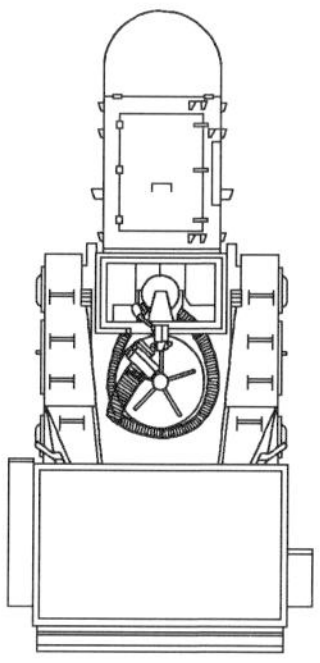
View from the back
Widok z tyłu

Phalanx CIWS stations
Stanowiska zestawów artyleryjskich Vulkan-Phalanx

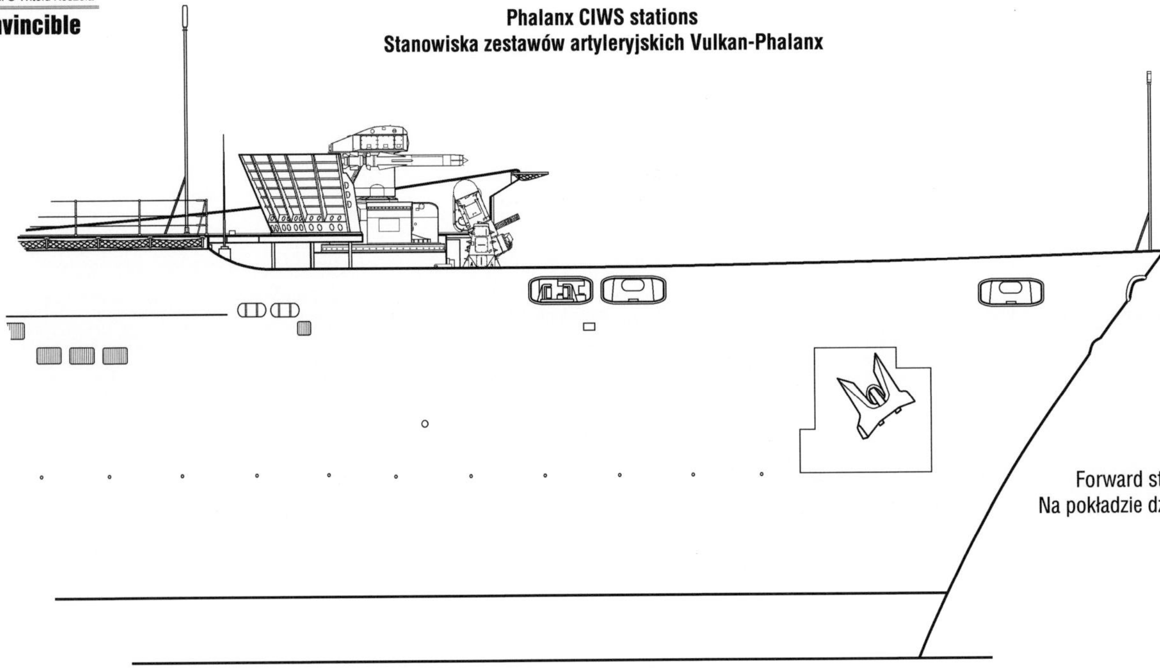

Forward station
Na pokładzie dziobowym

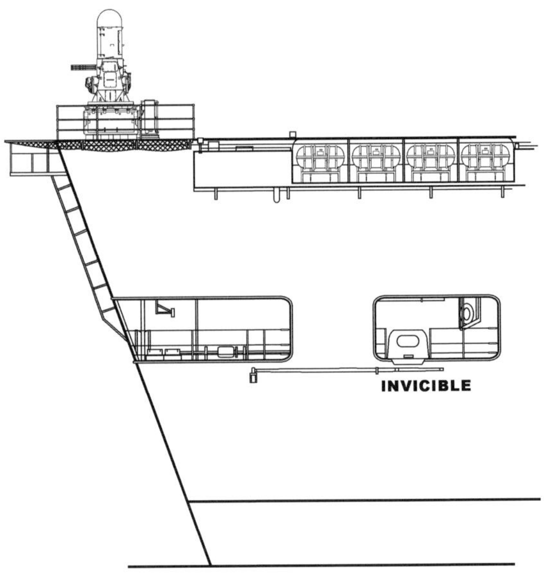

Aft station
Na rufie

Goalkeeper CIWS
Zestaw artyleryjski Goalkeeper

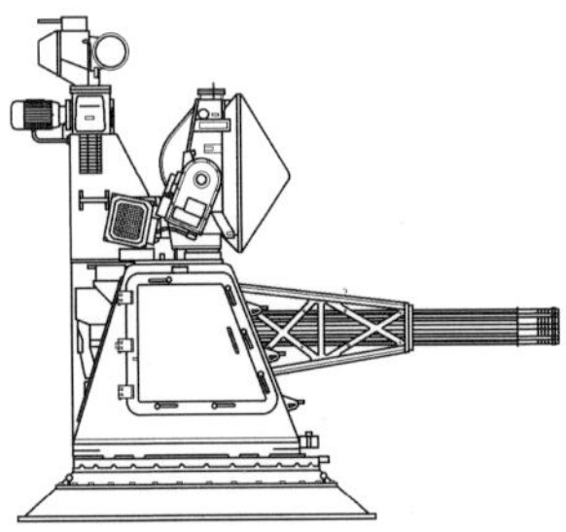

View from starboard side
Widok z prawej strony

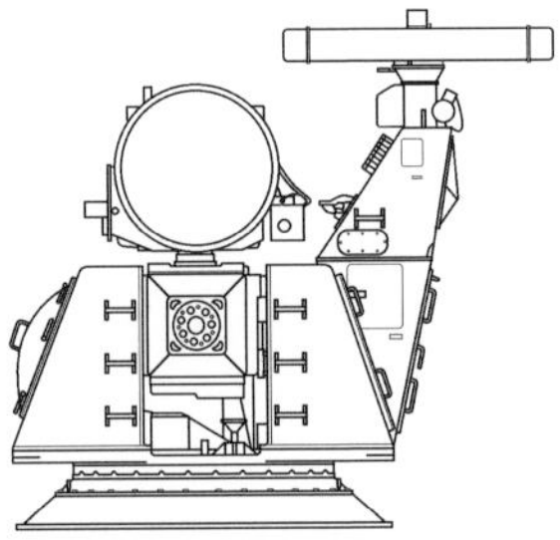

View from the front
Widok z przodu

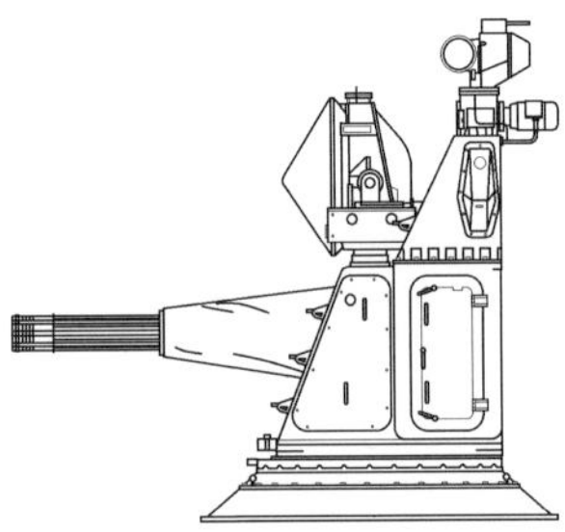

View from port side
Widok z lewej strony

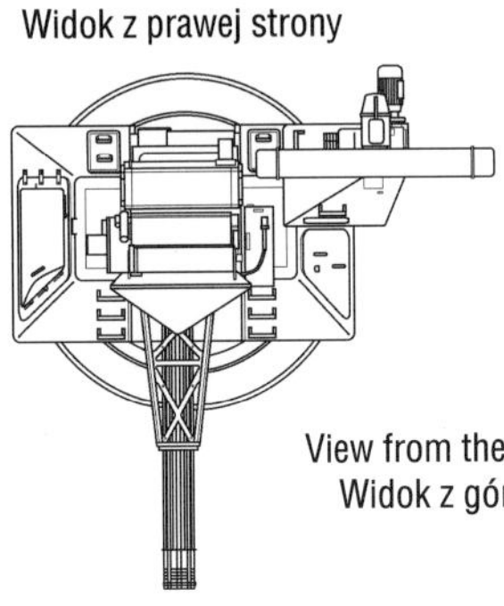

View from the top
Widok z góry

20 mm Oerlikon cannon
Działko kal. 20 mm Oerlikon

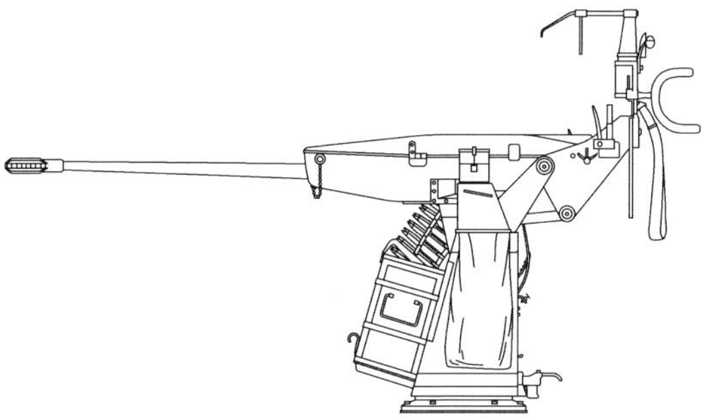

View from port side
Widok z lewej strony

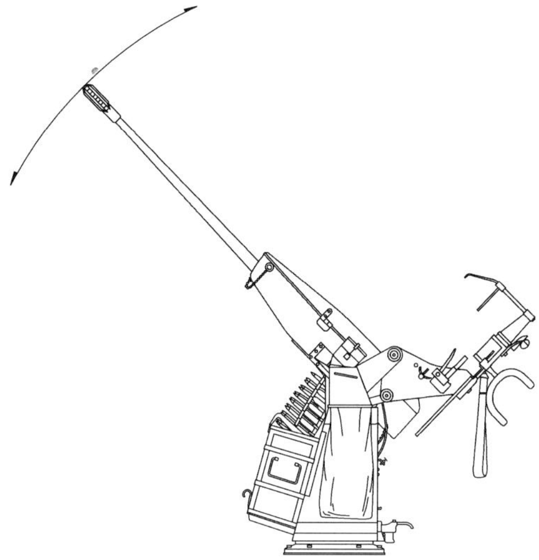

Barrel in elevated position
Widok z podniesioną lufą

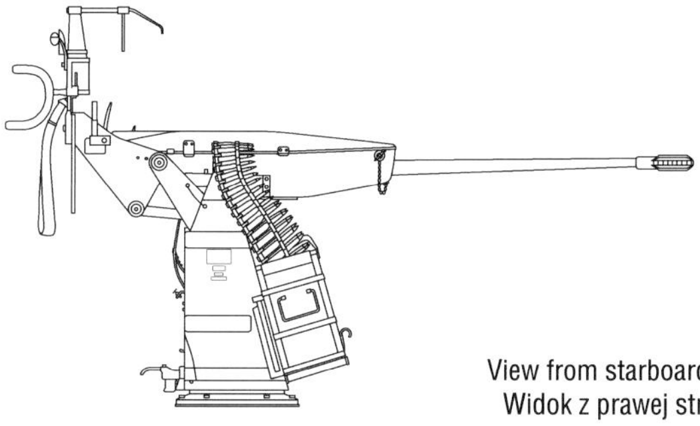

View from starboard side
Widok z prawej strony

Tow truck
Ciągnik pokładowy

BAe Sea Harrier GR.3
Samolot pokładowy BAe Sea Harrier GR.3

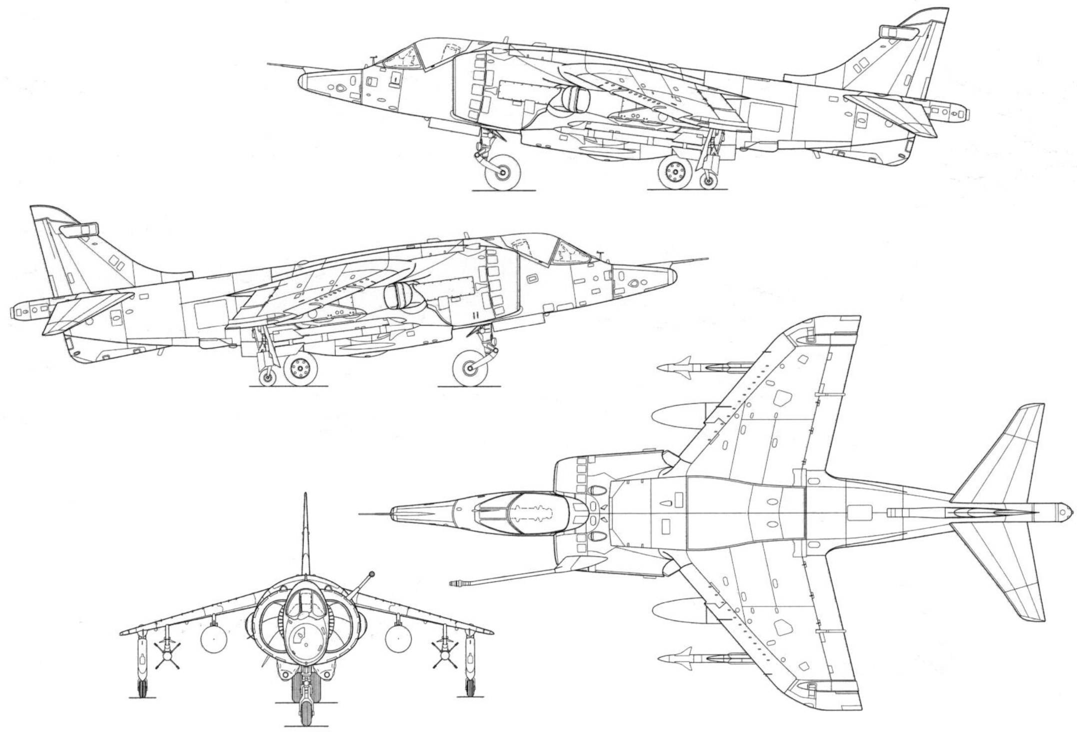

BAe Sea Harrier FRS. Mk1
Samolot pokładowy BAe Sea Harrier FRS. Mk1

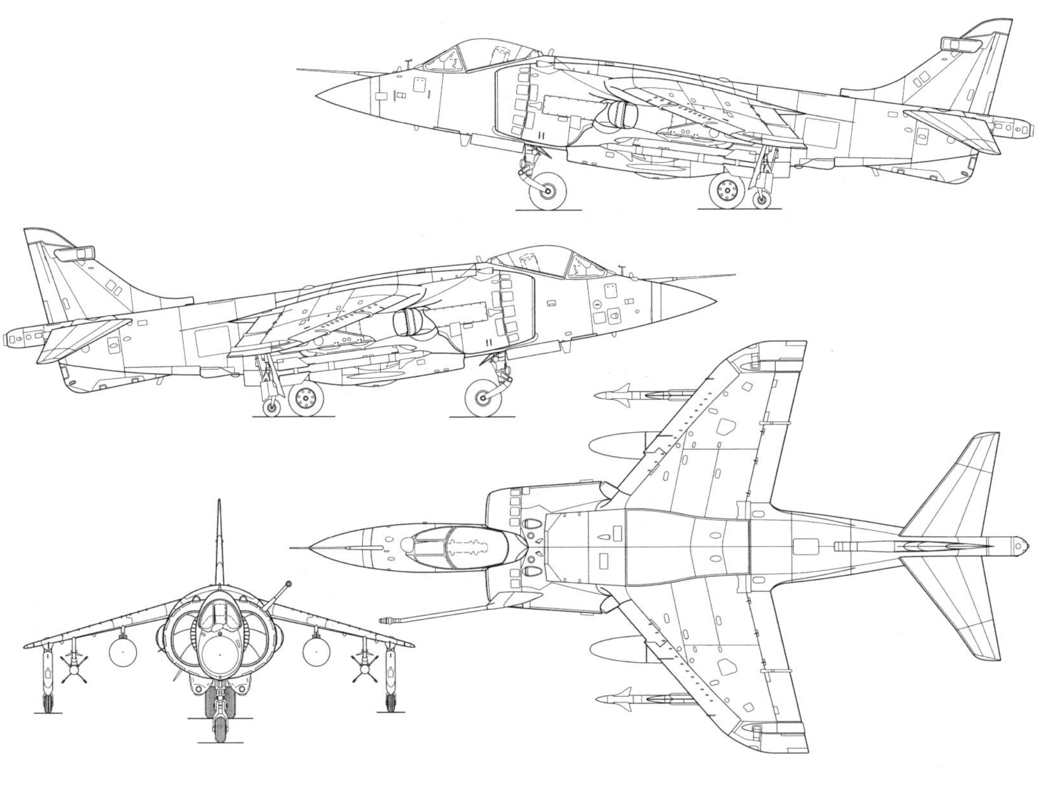

BAe Sea Harrier FRS. Mk3
Samolot pokładowy BAe Sea Harrier FRS. Mk3

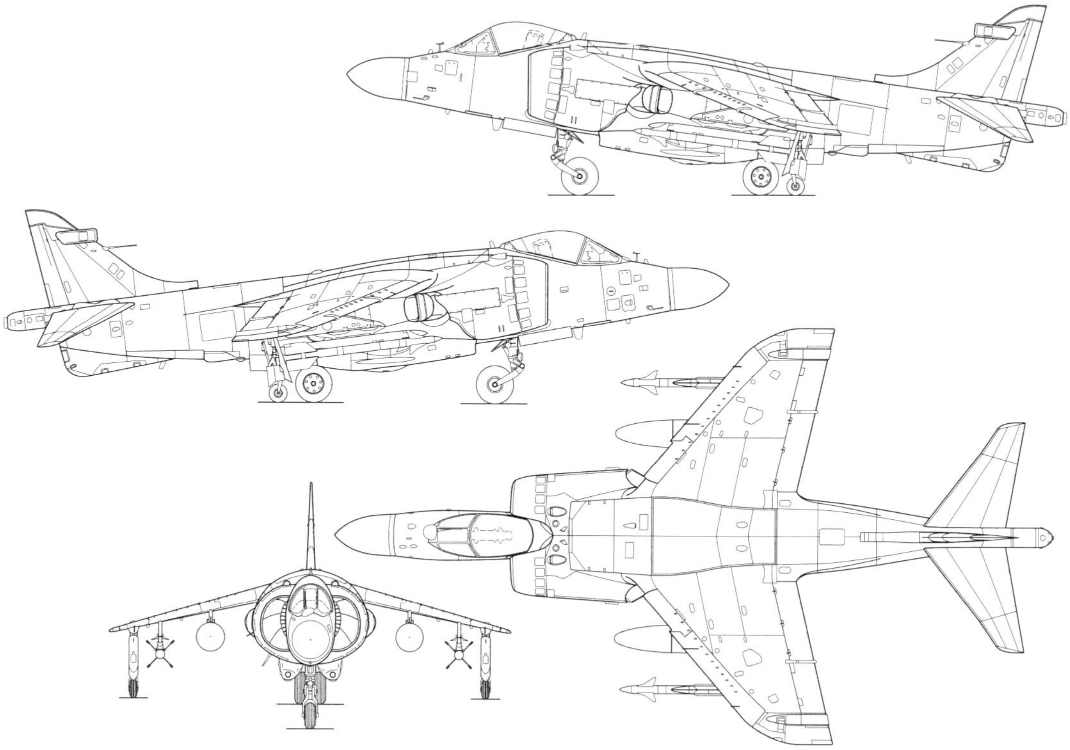

Sea King AEW Mk.2
Śmigłowiec pokładowy Sea King AEW Mk.2

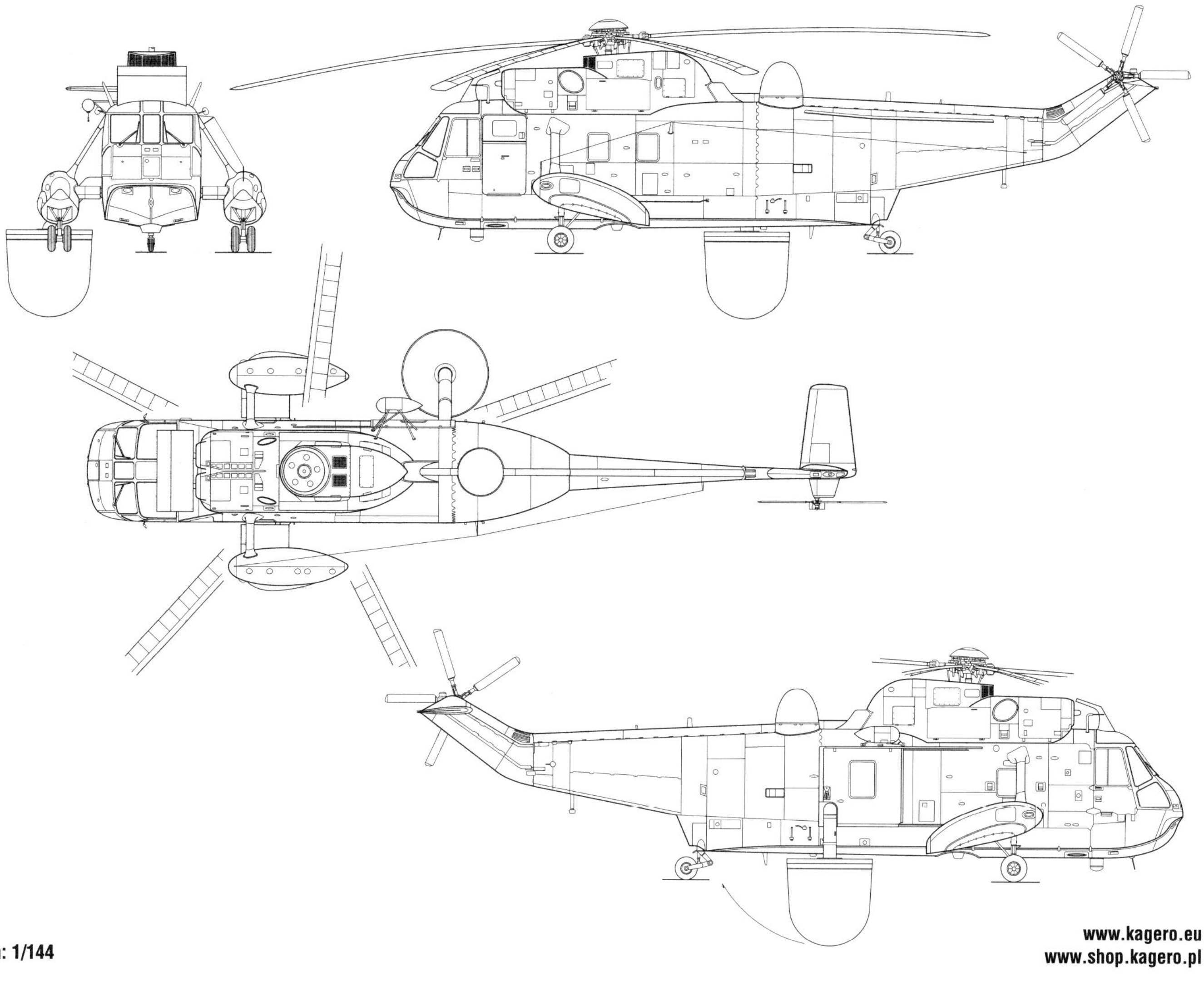

Scale/Skala: 1/144

TOPDRAWINGS
Drawings/rysował: © Witold Koszela

Sheet/Arkusz 24

HMS Invincible

Sea King HAR.3
Śmigłowiec pokładowy Sea King HAR.3

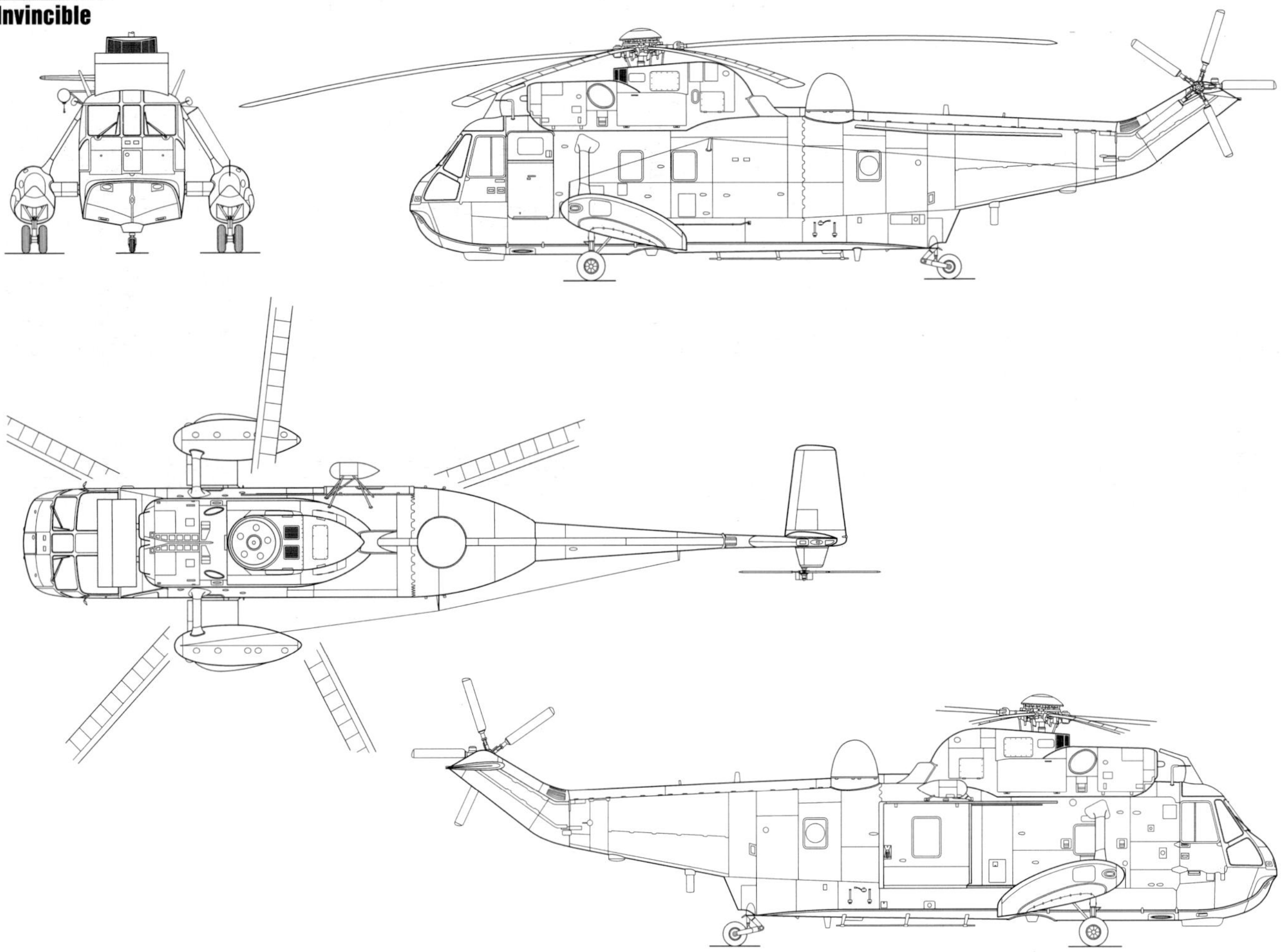

Sea King HAS Mk.6
Śmigłowiec pokładowy Sea King HAS Mk.6

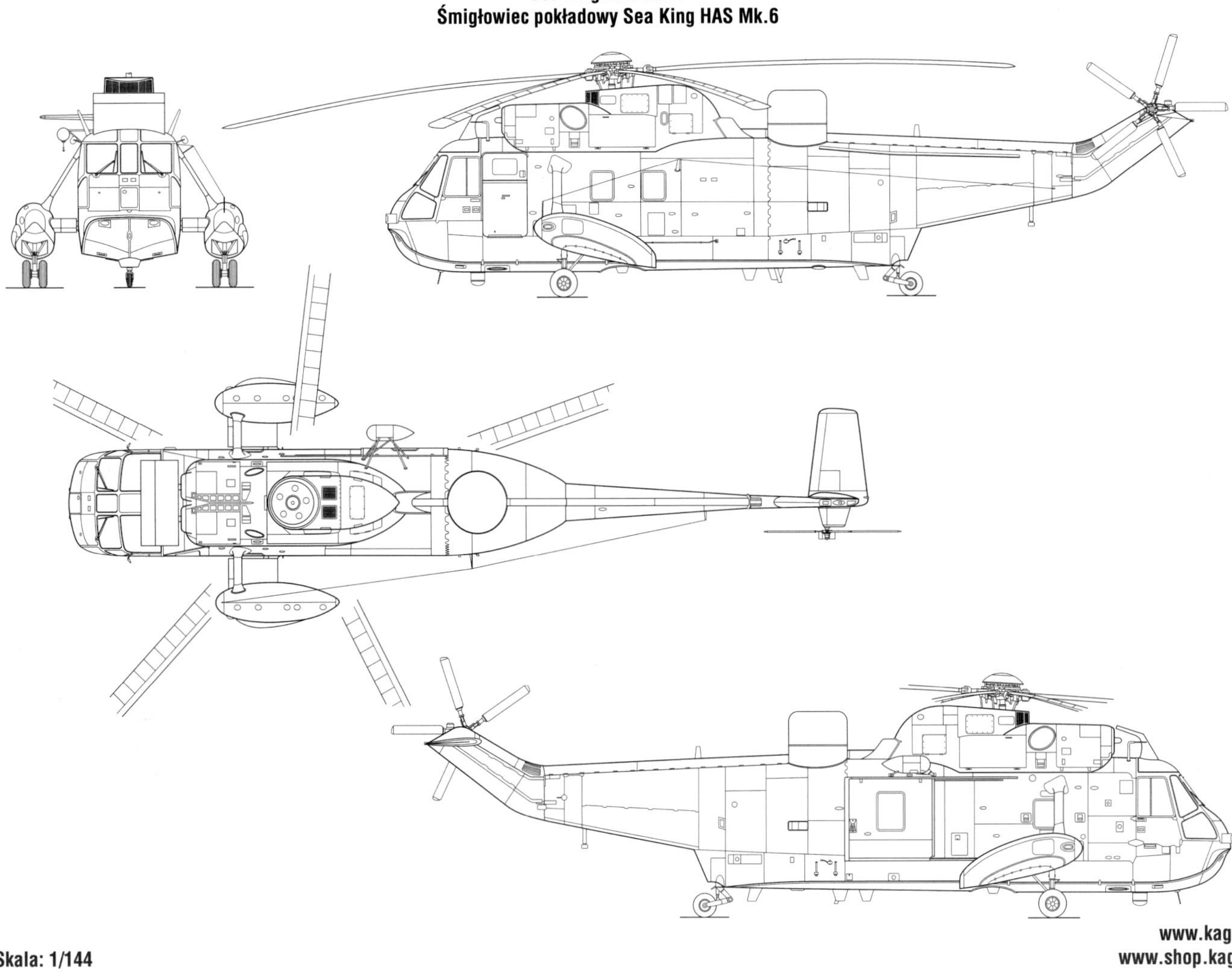

Scale/Skala: 1/144

We recommend
Pages: 292
Photos: 200
Stereoscopic photos: 32
3D visualizations: 309
3D anaglyphs: 8
Scale drawings: 1:200, 1:100, 1:50, 1:25
2 B2 size sheets with scale drawings - 1:200
Binding: hardcover
Format: A4
Mirosław Skwiot • Mariusz Motyka
The Battleships
Scharnhorst and Gneisenau
Vol. I
KAGERO publishing
Book in English
KAGERO
publishing